JN016800

ベトナム

の会計・税務・法務

Q&A

EY新日本
有限責任監査法人【編】

第3版

税務経理協会

第3版刊行にあたって

　本書はベトナムでビジネスを行う上で必要となる会計，税務，企業法などをまとめ2011年8月に初版として，2016年8月に第2版として刊行した実務書の第3版になります。

　前回出版以降，法制面では，2021年に企業法や投資法が改正されました。今回の第3版にあたっても改正投資法，企業法の主要なポイント及び事業運営に関わる会計，税制などの章を設けて解説をしています。またベトナム特有の労務についても第2版での記載をアップデートしています。

　従来，チャイナ・プラス・ワンの有力候補として注目を集めていましたが，近年の米中対立により，その重要性は更に高まっています。また，自由貿易協定の観点からは，日本とは2009年に日越経済連携協定を締結していますが，第2版出版以降でも，2019年に環太平洋パートナーシップに関する包括的及び先進的な協定（所謂CPTPP），2020年にEUベトナム自由貿易協定，2021年に英国ベトナム自由貿易協定，2022年1月に地域的な包括的経済連携協定（所謂RCEP）が発効して自由貿易協定（FTA）のカバー率が増加し，自由貿易協定の観点からも輸出拠点としての魅力が更に高まっています。

　また，今後の人口増加とコロナを契機としたデジタル経済の急拡大によって新たな大きな消費市場としても期待されています。

　上記のようなことを反映してかベトナムは，JETROの海外で事業拡大を図る国・地域の調査においても第2版出版後の2016年度は4位だったもののその後，2021年度まで連続で2位となっており，日本企業のベトナムに対する関心の高さが伺えます。

　上記のような状況から，日本企業のベトナム進出は製造業，非製造業とも今後も更に増加すると予測されますが，本書がベトナムの諸制度を理解する一助となり，ベトナムでの事業に関わる方々のお役に立つことができれば幸いです。

　最後に，本書の刊行にあたり，税務経理協会の皆様に多大なご尽力をいただ

きました。この場をお借りして御礼を申し上げます。

2024年1月

EY新日本有限責任監査法人

執筆者一同

［ 目 次 ］

第3版刊行にあたって

第5章 | 個人所得税に関するQ&A

第6章 ベトナムの移転価格税制に関するQ&A

第7章 その他の税制に関するQ&A

1 付加価値税

第**8**章 | 会計制度に関するQ&A

第**9**章 | その他Q&A

本書を執筆するに際しては最新の情報を掲載するように努めておりますが，各種制度については常に追加・変更が行われています。したがって，実際の手続や関係当局への申請および交渉にあたっては，常に最新の情報を確認し，必要に応じて会計事務所等の専門家に相談なさることをお勧めします。

第 1 章

ベトナムの基礎データ

● Point ●

　この章では，ベトナムの概要及び主なデータをまとめています。人口構成などは，日本とは異なっているのがわかると思います。また，輸出入製品の分析においては，ベトナムに進出している外国企業の主な業種が顕著に影響していることがわかります。

1 概　　要

1）　正 式 国 名　（Socialist Republic of Viet Nam）ベトナム社会主義共和国

2）　面　　　積　約32.9万平方キロメートル（参考：日本の約87％）

3）　人　　　口　約9,762万人

4）　首　　　都　ハノイ

5）　民　　　族　キン族（越人）約86％，他に53の少数民族

6）　言　　　語　ベトナム語

7）　宗　　　教　仏教（80％），カトリック，カオダイ教他

8）　教　　　育　5・4・3制（9年間の義務教育）

9）　体　　　制　社会主義共和国

10）　元首（国家主席）　グエン・スアン・フック

11）　首　　　相　ファム・ミン・チン

12）　政　権　党　共産党（唯一の合法政党）　グエン・フー・チョン書記長
　　　　　　　　　（党首）

13）　国　　　会　一院制，任期5年　中選挙区，選挙権満18歳以上，被選
　　　　　　　　　挙権満21歳以上

（日本国外務省ウェブサイト（2021年4月16日），ジェトロ・ウェブサイト（2021
年9月30日）より）

　　ベトナムは，インドシナ半島の東端に位置するASEAN（東南アジア諸国連合）の加盟国の一つです。その国土は，東を南シナ海に面し，北を中国，西をラオス，カンボジアと接し，南北に細長く，約32.9万平方キロメートルの面積に1億人近い人々が暮らしています。

　　主要な都市としては，北部に首都のハノイ，南部に商業都市のホーチミンシティがあります。日本から進出する企業の多くもこの二つの都市に集まる傾向があります。

　　政治体制は，ベトナム共産党の一党独裁による社会主義体制です。ただし，経済面では市場経済システムの導入と対外開放化を柱としたドイモイ路線のも

とで，経済発展が続いています。

2　歴　史

1945年 9 月：ベトナム共産党ホーチミン主席，「ベトナム民主共和国」独立
　　　　　　　宣言

1946年12月：インドシナ戦争

1965年 2 月：アメリカ軍による北爆開始

1973年 1 月：パリ和平協定，アメリカ軍の撤退

1973年 9 月：日本と外交関係樹立

1976年 7 月：南北統一，国名をベトナム社会主義共和国に改称

1979年 2 月：中越戦争

1986年12月：第 6 回党大会においてドイモイ（刷新）政策が打ち出される

1992年11月：日本の対越援助再開

1995年 7 月：アメリカとの国交正常化

1995年 7 月：ASEAN正式加盟

1998年11月：APEC正式参加

2004年12月：日越投資協定

2007年 1 月：WTO正式加盟

2007年10月：国連安保理非常任理事国（2008年～2009年）に初選出

2009年10月：日越経済連携協定発効

2018年12月：TPP参加

2019年 6 月：国連安保理非常任理事国（2020年～2021年）

（日本国外務省ウェブサイト（2021年 4 月16日）ほか）

　ベトナムは19世紀後半にフランスの保護国となった後，第二次大戦中にイン
ドシナ半島に進駐した日本軍による占領期間を経て，1946年に独立しました。
その後，独立を認めず再び保護下におこうとするフランスや，共産圏の拡大を
嫌うアメリカとの戦争に相次いで勝利し，1973年にパリ和平協定を締結しまし

た。しかし，その後もカンボジアとの紛争や中越戦争など，ベトナムでは長期にわたって戦争が続きました。

　このように長い間，戦争が続き，経済成長が停滞する中で，1986年の共産党の党大会で市場経済システムの導入と対外開放化を柱としたドイモイ（刷新）政策が発表されました。これは経済の活性化を企図した政策で，これを契機にベトナム経済は成長を始めます。さらに1995年にはASEANに正式加盟，1998年にはAPECに正式参加しています。また，近年では，TPP（環太平洋パートナーシップ協定）の交渉にも加わり，2018年12月に発効したTPP11に参加しています。

3　経　　済

【主要指標】

主要産業	農林水産業，鉱工業，建築業，サービス業
GDP（2020年）	約3,406億ドル
1人当たりGDP（2020年）	3,498米ドル
経済成長率（2020年）	2.91％（年平均）
物価上昇率（2020年）	3.23％（年平均）
失業率（2020年）	2.26％（都市部：3.61％，農村部：1.59％）
貿易額（2020年）	輸出　2,827億ドル（対前年比　7.0％増） 輸入　2,627億ドル（対前年比　3.7％増）
主要貿易品目（2020年）	輸出　繊維・縫製品，携帯電話・同部品，ＰＣ・電子機器・同部品，履物，機械設備・同部品等 輸入　機械設備・同部品，ＰＣ・電子機器・同部品，繊維・縫製品，鉄鋼，携帯電話・同部品
貿易相手国（2020年）	輸出　米国，中国，日本，韓国，香港 輸入　中国，韓国，日本，台湾，米国
通貨	ベトナムドン（Vietnam Dong，VND）
為替レート	1ドル＝約23,090ベトナムドン（2021年1月）
外国からの投資実績（2020年）	285.3億ドル

（日本国外務省ウェブサイト（2021年4月16日）より）

【日本との関係】

主要援助国（2018年，OECD開発援助委員会）	(1)日本　(2)ドイツ　(3)韓国　(4)米国　(5)フランス
経済関係 (1)　対日貿易（2020年） (2)　日本からの投資（2020年）	貿易額 　輸出　192.8億ドル（対前年比　2.4％増） 　輸入　203.4億ドル（対前年比　6.8％増） 品　目 　輸出　縫製品，輸送機器・同部品，機械設備・同 　　　　部品，木材・木工品，水産物 　輸入　機械設備・同部品，PC電子機器・同部品， 　　　　鉄設備，縫製品原料，プラスチック原料 23.7億ドル（認可ベース）
在留邦人数	23,148人（2019年10月現在）
日本商工会加盟企業数（2022年3月末）	合　計　1,969 （内訳） 　北部（ベトナム日本商工会）　　　　798 　南部（ホーチミン日本商工会）　　1,041 　中部（ダナン日本商工会）　　　　130

（日本国外務省ウェブサイト（2021年4月16日）ほか）

　ここまでベトナムに関する主要なデータを紹介してきましたが，経済の動向について，やや詳しくみてみましょう。

　近年，ベトナム経済は堅調に推移しています。近年の実質経済成長率は2007年頃から6％程度の水準を保っています。1人当たりGDPをみると，2019年には2,500米ドルを超え，2010年の倍の水準にまで増加しています。Covid-19の影響により，2020年，2021年の成長率は鈍化したものの，プラス成長を維持しました。Covid-19から回復の兆しを見せている2022年以降のベトナム経済の先行きは，投資，輸出が増加し，今後も経済成長が続くことが見込まれています。国際通貨基金の予測（2021年10月時点）でも，2026年まで経済成長率は6％から7％の水準で推移するものとの見通しが公表されています。

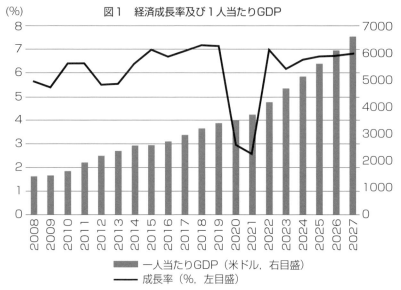

図1　経済成長率及び1人当たりGDP

※　実質経済成長率，1人当たりGDPの2021年以降の数値は，それぞれ国際通貨
　　基金による推計値（2021年12月時点）
（国際通貨基金のデータより作成）

　人口の推移をみると，毎年1～2%程度の人口増加が続いており，2021年の推計値では9,816万人に達しています。人口増加が止まり，減少に転じている日本とは対照的な動きとなっています。

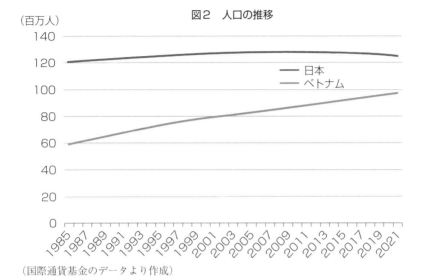

図2　人口の推移

（百万人）

（国際通貨基金のデータより作成）

　年齢別の人口構成の図をみると，高齢化が進む日本とは対象的に，ベトナムは若年層のウエイトが高い釣鐘型の構成となっています。廉価な若年労働力に期待した過去からの製造業の進出を受け，徐々に所得水準が上がってきており，ベトナム消費市場の拡大を見込んだ小売業やサービス業の展開がみられます。今後も製造業，非製造業ともに対ベトナム投資の拡大傾向は続くとみられ，物価とともに所得水準もさらに上昇することになると考えられます。

図3 年齢別人口ピラミッド（日本とベトナムとの比較）

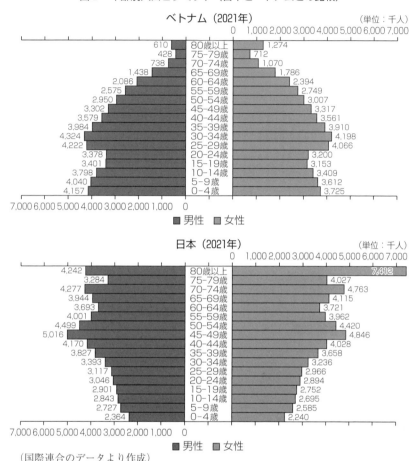

ベトナム（2021年）　（単位：千人）

	男性	年齢	女性
	610	80歳以上	1,274
	428	75-79歳	712
	738	70-74歳	1,070
	1,438	65-69歳	1,786
	2,086	60-64歳	2,394
	2,575	55-59歳	2,749
	2,950	50-54歳	3,007
	3,302	45-49歳	3,317
	3,579	40-44歳	3,561
	3,984	35-39歳	3,910
	4,324	30-34歳	4,198
	4,222	25-29歳	4,066
	3,378	20-24歳	3,200
	3,401	15-19歳	3,153
	3,798	10-14歳	3,409
	4,040	5-9歳	3,612
	4,157	0-4歳	3,725

■ 男性　■ 女性

日本（2021年）　（単位：千人）

	男性	年齢	女性
	4,242	80歳以上	7,412
	3,284	75-79歳	4,027
	4,277	70-74歳	4,763
	3,944	65-69歳	4,115
	3,693	60-64歳	3,721
	4,001	55-59歳	3,962
	4,499	50-54歳	4,420
	5,016	45-49歳	4,846
	4,170	40-44歳	4,028
	3,827	35-39歳	3,658
	3,393	30-34歳	3,236
	3,117	25-29歳	2,966
	3,046	20-24歳	2,894
	2,901	15-19歳	2,752
	2,843	10-14歳	2,695
	2,727	5-9歳	2,585
	2,364	0-4歳	2,240

■ 男性　■ 女性

（国際連合のデータより作成）

　高成長が続く主要因としては，外国からの製造業関連の投資が続き，輸出が増加していることが挙げられます。

　ベトナム経済では，2000年代後半から2011年頃にかけて，貿易赤字が続き，通貨価値（ドン安）が下落し，高いインフレに直面する局面がありました。この過程では不動産価格のバブル等があり，金融機関や国有企業の不良債権が増

加しました。しかし，その後，ベトナム中央銀行が物価の上昇を意識して，引き締め気味の金融政策スタンスを維持したことから，徐々に物価が沈静化する方向に向かい，経済情勢は落ち着きました。

　その後，海外からの携帯電話関連等の投資に伴う製品輸出増加を経て貿易収支が黒字化し，物価上昇率が安定することで，企業はベトナムでの事業計画が立てやすくなり，バランスの取れた成長が続きました。

　近年では，米中貿易摩擦が激しくなってきたことに伴い，在中国企業が追加関税などの影響を避けるためにサプライチェーンの変更が経営課題となり，ベトナムがそういった企業の受け皿として機能しています。2020年8月にはEUとの自由貿易協定（EVFTA）が発効となり，2021年5月には英国との自由貿易協定が，さらに2022年4月にはRCEP協定が発効となりました。これらの協定が好調な貿易を下支えしており，今後の貿易拡大のドライバーとなることが見込まれます。

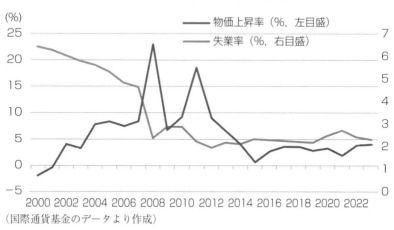

図4　物価上昇率と失業率の推移

（国際通貨基金のデータより作成）

こうした中で，今後のベトナム投資におけるリスクとして考えられるのは，地政学的リスクと対外政策です。貿易相手国として，中国は最大の輸入相手国であり，米国に次ぐ輸出相手国でもあります。そのため，ベトナムの貿易は中国経済の影響を色濃く受けることになり，中国経済が減速することにより貿易収支のバランスが崩れることが考えられます。さらに，中国とは南沙諸島を巡って外交上の緊張関係にあることから，地政学面で不確定要素を抱えることになります。また，米国にとってベトナムは中国，メキシコに次ぐ貿易赤字国であることから，追加関税措置を受けるリスクも存在します。ベトナムは経済政策を貿易相手国との関係に配慮しながら進める必要があります。

図5　経常収支（金額，対 GDP 比）

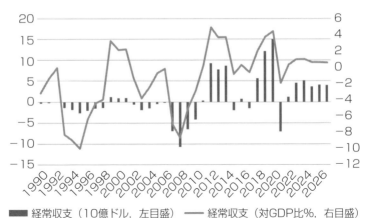

■ 経常収支（10億ドル，左目盛）　── 経常収支（対GDP比％，右目盛）
（国際通貨基金のデータより作成）

直近では，ベトナムはCovid-19の対策として，約3か月にわたる厳しいロックダウンを敷いたことにより，グローバルサプライチェーンに大きな影響を及ぼすこととなりました。ベトナム政府の厳しい政策が貿易を阻害することを顧みなかった点について，諸外国はベトナムへの投資をカントリーリスクと捉える動きがあったことから，Covid-19から回復の兆しを見せ，今後の経済成長が期待される中，企業はこれらのリスクとBCPを考慮した上でベトナムへの投資判断を迫られることになります。今後の対外政策をベトナム政府がどのように進めるかが，経済に影響を与えると考えられます。

第2章

ベトナム進出におけるQ&A

● Point ●

　外国企業の多くが進出している地域は，南部ホーチミン市，その近郊及び北部ハノイ市，ハイフォン市近郊です。また，ハイテクパークで注目を集める中部のダナン市にも進出企業が増加しています。

　ベトナムの首都ハノイ市は，北の中国，西のラオスと隣接する地域となっています。一方，ホーチミン市を中心とした南部は流通業，製造業の販売拠点など内需型の進出が目立っています。また南部経済回廊（タイのバンコクを経由してミャンマーのダウェイまで建設が進む計画）によるタイ，カンボジア，ミャンマー市場を視野にいれた進出先としても検討されています。

　第三の都市であるダナンは製造業をはじめソフトウェア開発企業などの進出と共に，東西経済回廊によるタイ，ラオス，ミャンマー市場を視野にいれた進出先として検討されています。

　業種別でみると，四輪車及び二輪車メーカーはハノイ及びその近郊にあります。電子機器メーカーについても同地域に集中しています。一方，家電メーカー等はホーチミン及びその近郊にあります。業種ごとに進出先が異なるのは，市場環境だけではなく，ベトナム政府による産業誘致政策にもよるものです。

　近年は，ベトナム国内の需要増及び1人当たりの所得の増加，各種規制の緩和等により，国内マーケットを対象とした消費財，小売業の進出が盛んになっています。

Q1 投資形態

ベトナムへ進出する場合の主な投資形態を教えてください。

Answer

外国企業がベトナムに事業進出する場合，以下の方法があります。

① 現地法人を設立

② 支店による進出

③ 駐在員事務所を開設

④ BCC（Business Cooperation Contract）

⑤ BOT（Build Operation Transfer），BTO（Build Transfer Operation），
　 BT（Build Transfer）

一方，会社形態は以下の4つが認められています。

① 有限責任会社

② 株式会社

③ パートナーシップ（合名会社）

④ 個人企業

日本企業がベトナムに会社を設立する場合，多くが有限責任会社です。

Q2　進出形態の概要

どのような形態があるか概要を教えてください。

Answer

以下が主な形態です。

① 外国投資家による100％出資

② ベトナム投資家と外国投資家による合弁会社設立

③ BCC契約による投資

④ BOT契約，BTO契約，BT契約による投資

⑤ その他

(1) 外国投資家による100％出資

会社形態は，一人有限責任会社，二人以上有限責任会社又は株式会社です。

(2) 合 弁 会 社

合弁会社の設立方法は２名以上の投資家によって設立する方法と，既存の会社の持分について，一方の投資家から他の投資家に譲渡することにより２名以上の投資家が参加する方法があります。合弁会社は，企業法上として二人以上有限責任会社又は株式会社です。

(3) BCC契約

BCCは，特定の事業活動のための外国投資家とベトナム投資家との間での合意に基づきます。BCCそのものは法人格を有しないため，各投資家がBCCの債務について無限責任を負います。BCCの形態による投資は，通信，航空・鉄道・船に関連する事業のようなBCC契約形態でのみ外国投資家の投資が認められる特定分野のプロジェクトに用いられています。

(4) BOT，BTO，BT契約

運輸，電気，水供給，廃棄物処理などのインフラ建設事業を行う際に政府機関との間で締結される契約であり，所有権移転の時期や対価の支払い方法など

が異なります。概要は以下の通りです。

① BOT

　投資家は特定の期間，建設及び管理について全ての責任を負います。特定の期間終了後，プロジェクトは何の対価もなく国に移転します。

② BTO

　建設終了後すぐに所有権が国に移転します。しかし，投資家が投資回収できるよう，両者が契約上同意した期間内で業務活動が可能です。

③ BT

　プロジェクトが建設終了後に国に移転し，契約に基づき国は別のプロジェクトに参加する権利を与えるか，あるいはプロジェクトに対する対価を支払います。

⑸ そ の 他

① 支　　　店

　支店は，直接利益に結びつく営業活動を行うことができます。この形態は一般的ではありませんが，銀行業，保険業，航空会社，法律事務所，文化・教育及び旅行業など一定の業種に限定して設立が認められます。

② 駐在員事務所

　外国企業は駐在員事務所を開設することができます。駐在員事務所は独立した法人格を有しません。また，直接商業活動（契約の締結，現金の支払及び受取，商品の販売及び購入，サービスの提供）を行うことは認められません。駐在員事務所の活動期間は5年間です（延長可）。

　駐在員事務所は，以下の活動を行います。

１） 事業環境の研究のためのリエゾンオフィスとして活動する

２） 外国企業の市場調査に関わる活動

３） 外国企業の投資機会の促進活動

　駐在員事務所の設立のための主な書類には，以下のもの等が必要です。

１） 設立許可証の発給申請書

２） 本社の履歴事項全部証明書（登記簿）

3） 監査済決算報告書

4） 本社の会社定款

5） 事務所の賃貸契約書又は賃借合意書

6） 駐在員事務所長のパスポートの写し

　上記提出書類については変更される場合がありますので，事前の確認が必要です。

　政府は2016年1月25日付で外国企業の駐在員事務所，支店設立に関する政令を公布しました（No.07/2016/ND-CP）。本改正により，従来駐在員事務所の活動として許容されていた外国企業とベトナム企業との契約又は関連する契約監督業務は除外され厳格化されました。ただし，改正前の法令（No.72/2006/ND-CP）に基づき設立された駐在員事務所は，ライセンス期間が終了するまでは，ライセンスに記載された活動を実施することができます。また，それ以外の主な概要は以下の通りです。

① 外国企業1社は，1つの省又は中央直轄市において同じ名称を有する複数の駐在員事務所又は支店を設立してはならない。

② 駐在員事務所の設立において，外国企業が居住国の法律に基づき設立され，設立又は登録された日から最低1年以上活動していること（支店設立においては，5年以上活動していること）。

③ 駐在員事務所，支店の法的な代表者がベトナムを不在にする場合は，本国の外国企業の事前承認のもとに，ベトナム法令に従って代表者の権利，義務を他者に書面で委任しなければならない。

④ 委任期間が切れた時点で駐在員事務所，支店の法的な代表者がベトナムに戻っていない，又は他者に委任していない場合は，駐在員事務所，支店の法的な代表者が戻るまで，又は外国法人が新たに駐在員事務所・支店の法的な代表者を選定するまで，駐在員事務所，支店の法的な代表者の権利，義務は委任された範囲内で委任者に継続される。

⑤ 駐在員事務所，支店の法的代表者が委任行為を行わず30日以上の期間，ベトナムを不在とする場合や，駐在員事務所，支店の法的代表者が死亡，

失踪した場合，一時的な拘留又は禁固刑が言い渡された場合，民事行為能力が不十分である場合は，外国法人は，他者を駐在員事務所，支店の法的代表者に任命しなければならない。

なお，改正前の法令では，駐在員事務所及び支店設立許可書発給日より45日以内に，新聞紙上又は電子新聞で設立に関する公告を３日連続で掲載する必要がありましたが，この公告は行う必要がなくなりました。

Q3 税制上の優遇措置

優遇措置の概要を教えてください。

Answer

政府が奨励する産業又は立地での適格外国投資プロジェクトは，優遇税率を利用できる可能性があります。

概要は以下の通りです。

適 用 対 象	税 率		優遇期間	免税・半減税
	～2015年12月31日	2016年1月1日～		
社会経済的に特に困難な状況にある地域，ならびに経済区域及びハイテク区域における新規投資プロジェクトから生じる所得				4年免税・9年半減
科学研究及び技術開発，ハイテク法（Law on High Technologies）における優先順位の高い分野のリストに定められたハイテク技術の応用，ハイテク企業の育成，ハイテク法に定められた優先分野のリストに含まれるハイテ	10%	10%	15年間	

適用対象				

ク技術の開発への高リスク分野への投資，国家の重要なインフラ事業への投資，ソフトウェアの生産，複合材料，軽建設資材，希少材料，再生可能エネルギー，クリーンエネルギー及び廃棄物分解によるエネルギーの生産，バイオ技術の開発又は環境保護に携わる新規投資プロジェクトから生じる所得

適用対象	税率		優遇期間	免税，半減税
	～2015年12月31日	2016年1月1日～		
ハイテク法に従いハイテク技術を応用するハイテク企業及び農業企業の所得				
ハイテク法に則してハイテク産業を後押しする裾野産業の製品又は特定の産業（繊維・衣類，履物，エレクトロニクス，情報技術，自動車組立・整備を含む）を後押しする裾野産業の製品の製造を目的とし，かつ，2015年1月1日現在，国内生産されていないか，又は，欧州連合の品質基準もしくはこれと同等の基準を満たす新規投資プロジェクトからの所得	10%	10%	15年間	4年免税，9年半減
生産セクターにおける，投下資本が6兆VND以上の新規投資プロジェクト（特別消費税の対象となる物品を生産するプロジェクト及び鉱物採掘プロジェクトを除く）からの所得であり，当該資本が投資許可証の日付から3年以内に支出され，かつ以下のいずれかの条件が満たされる場合　当該プロジェクトの年間総収益が，収益を稼得した最初の年度から3年以内に10兆VNDに達する　当該プロジェクトが，3,000人超の従業員を雇用する				

適 用 対 象	税率 ~2015年12月31日	税率 2016年1月1日~	優遇期間	免税, 半減税
教育及び訓練，職業訓練，ヘルスケア，文化，スポーツ，環境，公営住宅，林業，農業，漁業，塩の生産ならびに出版の各セクターの企業 *ただし，首相が個別に定める詳細な条件が付される			事業を営む期間全体	
社会経済的に困窮している地域における新規投資プロジェクトからの所得	20%	17%	10年間	2年免税，4年半減
高品質鉄鋼又は省エネ製品の生産，農業，林業，水産養殖，塩の生産に用いられる機械及び設備の製造，かんがい設備の生産，家畜飼料の生産ならびに伝統工芸の開発に係る新規投資プロジェクトからの所得				
人民信用金庫（people's credit funds）及び金融機関に関するベトナムの法律に基づいて設立されたマイクロファイナンス機関	20%	17%	事業を営む期間全体	−

　また，2014年1月から施行された新法人税法及び政令等により，税優遇が拡大されました。主な概要は以下の通りです。

(1)　**工業団地における新規投資プロジェクト**

　経済状況が良好な特別都市，第1種都市地区及び省の第1種都市地域の工業団地以外の工業団地への新規投資プロジェクトに2年間免税，4年間の50%減税が新たに付与されます。

(2)　**事業拡張に対する優遇**

　税優遇を付与されている事業や地域において，生産規模の拡大など事業を拡

張する場合，拡張部分に対して以下のいずれかの要件を満たせば税優遇が付与されるようになりました。

① 固定資産追加取得額が200億VND以上であること（地域によっては100億VND以上）

② 投資前と比べて生産能力が20％以上向上していること

③ 投資前と比べて20％以上固定資産取得額が増加すること

事業拡張にあたって企業は，既存事業の拡張部分として税優遇を受けるか，同様の事業あるいは地域で新規投資事業として税優遇を受けるか選択が可能です。

なお，政府の方針により優遇条件は改訂されることがありますので，詳細は専門家に確認することを推奨します。

Q4　投資規制及び投資優遇

投資禁止分野，条件付投資分野，奨励優遇分野について教えてください。

Answer

1　投資禁止分野

概要は以下の通りです。

① 麻薬物質に関わる事業（投資法附表1）

② 各種化学物質，鉱物に関わる事業（投資法附表2）

③ 絶滅危惧種の国際取引に関する条約に規定される各種野生動物及び投資法附表3に定める野生動植物

④ 売春事業，人身，人の身体組織，部分の売買

⑤ 人の無性生殖に関連する事業

⑥ 爆竹の取引

⑦　債権回収サービスの提供

2　条件付投資分野

概要は以下の通りです。

国防，国家の治安，社会秩序，安全保障，社会道徳，市民の健康を満たさなければならないことを根拠に，投資を行うためには一定の条件を満たすことが求められる227分野（投資法附表４）です。分野には，金融，会計，小売り，流通，不動産・建設，農業，教育などが含まれています。

3　投資優遇分野

概要は以下の通りです。

1）　ハイテク活動，ハイテク支援産業製品，研究活動，科学技術法で指定されている技術を用いた製品製造開発活動

2）　新素材，新エネルギー，クリーンエネルギー，再生エネルギーの生産，付加価値が30％以上ある製品，省エネルギー製品の生産

3）　電子製品，重機，農業機械，自動車，自動車部品の生産，造船

4）　優先すべき裾野産業製品リストに記載された製品の製造

5）　情報技術，ソフトウェア，デジタルコンテンツ製品の生産

6）　農林水産物の加工，森林の植栽及び保護，製塩，海産物の採捕及び漁業のための物流サービス，植物，動物の種，バイオテクノロジー製品の生産

7）　廃棄物の収集，処理，リサイクル

8）　インフラ構造物の開発及び運営，管理に関する投資，各都市における公共旅客運送手段の開発

9）　診察，治療，医薬品，医薬品の原料，主要薬，必需薬，社会病の予防，治療薬，ワクチン，医療用薬剤，薬草薬，漢方薬の生産，各種新薬を生産するための製剤技術，生物学的技術の科学研究

10）　障害者又は専門家のための訓練，体操，体育競技施設の投資，文化遺

産の保護

11) 枯葉剤の患者治療センター，老人ホーム，メンタルケアセンター，高齢者，障害者，孤児，養護センター

12) バリューチェーンや産業クラスターの創造・参画にかかる製品の製造又はサービスの提供

Q5　外国企業

投資法において外国企業が外国人投資家とみなされる要件を教えてください。

Answer

以下に該当する場合は外国企業が外国人投資家（外国籍の個人，又は外国法に基づいて設立された組織であり，ベトナムで事業投資活動を行うもの）として取り扱われます。

① 定款資本金の50％超を外国人投資家が所有する企業

② 上記①の企業に，定款資本金の50％超を所有される企業

③ 上記①に該当する企業及び別の外国人投資家の合計で，定款資本金の50％超を所有される企業

外国企業が上記のいずれにも該当しない場合は，ベトナム国内投資家としてみなされます。

Q6 輸出加工企業（EPE）

ベトナムの特徴的な企業形態である輸出加工企業（EPE）について教えてください。

Answer

EPEとはExport Processing Enterpriseの略で、「輸出加工区（Export Processing Zone）において設立され、事業を営んでいる企業」、又は「工業団地において事業を営んでおり、製品の全てを輸出する企業」のことを指します。

ベトナムで製造業を営む企業には、原材料や部材を輸入し、加工したのちに製品を輸出する企業が多く存在します。

このような企業の誘致を進めるべく、ベトナムでは政府が定める要件を満たした企業をEPEとして認可し、一定の義務の履行を条件として、輸出入時の付加価値税と関税の免除という優遇措置を与えています。

EPEとして認可された会社はベトナム国内に存在する外国企業、保税工場とみなされるため、政府は厳格な在庫管理を企業に要求しています。

2021年4月25日以降、EPEとして認可されるためには、①EPEと外部を隔てるフェンスを設置し、物品の出入りが明確となるように入口と出口を設置する、②出入口・物品保管場所の全てを24時間監視可能なカメラシステムを設置する、③輸入品をモニタリングし在庫管理ソフトウエアを導入する、の3つの要件を満たす必要があります。

これらの要件を満たした企業は政府よりEPEとして認可され、以降は、管轄の税関当局に対して、原材料の報告義務が課されることになりますが、上述の付加価値税及び関税の免除という優遇措置のほか、円滑な通関手続き作業を受けることができるというメリットがあります。

Q7　会社設立の手続き

外国企業が進出する際に必要な手続きを教えてください。

Answer

　外国企業が会社を設立し投資プロジェクトを行う場合は，投資登録証明書（Investment Registration Certificate：IRC）及び企業登録証明書（Enterprise Registration Certificate：ERC）の取得が必要です。

　投資登録証明書はベトナム企業への出資，株式・出資持分の購入においては取得の必要はありませんが，条件付投資分野に関わる企業の株式購入又は増資引受の場合，又は外国投資家が定款資本金の50％超を保有することになる場合は取得しなければなりません。

　企業登録証明書の申請においては投資登録証明書の提出が必要です。

　投資法では，投資登録証明書の取得に先立ち国会，首相，省級人民委員会から事前に投資方針許可を取得する分野を規定しています。以下は主な概要です。

(1)　国会承認案件

　　1 ）　環境に重大な影響を与える可能性があるプロジェクト（原子力発電，国立公園，野生生物保護区等）

　　2 ）　500ヘクタール以上の稲作地の土地使用目的を変更する場合他

　　3 ）　国会の決定を得る必要があるプロジェクト

(2)　首相承認案件

　　1 ）　空港，海洋港の投資プロジェクト

　　2 ）　石油精製の投資プロジェクト

　　3 ）　カジノ経営の投資プロジェクト

　　4 ）　一定規模以上の住居建設の投資プロジェクト

　　5 ）　工業団地，輸出加工区，経済区内のインフラ開発の投資プロジェクト

　　6 ）　ネットワークインフラを有する通信サービス，植林，出版，マスメ

ディアへの外資企業による投資プロジェクト

(3) 省級人民委員会の承認案件

1）　競売，入札又は譲渡によらず政府より土地使用権の割当又は賃借が行われる案件（工業団地，輸出加工区，ハイテクパーク等でマスタープランに基づいて実施されたプロジェクトは除く）

2）　ゴルフ場の建設又は運営

　投資登録証明書は，国会や首相，省級人民委員会の承認が必要とされるプロジェクトでは不備のない書類を提出・承認後5営業日以内，それ以外の投資プロジェクトは申請・受理後から15日以内で発給すると投資法では規定されています。ただし実務上では法令通りとならない場合がありますので，留意が必要です。

Q8 投資登録証明書の取得 （Investment Registration Certificate：IRC）

投資登録証明書発給のための申請書類を教えてください。

Answer

改正投資法によると，主な書類は以下の通りです。

1）　投資プロジェクト実施申請書

2）　投資家の法的資格に関する資料

3）　投資家の財務書類（直近2年間の財務諸表，財政能力を説明する書類等）

4）　投資プロジェクト提案書

5）　土地使用権に関する書類（投資プロジェクトが国家に土地の交付や賃貸等を申請しない場合）

6）　投資プロジェクト実施に関する技術証明書（法令で制限された技術を移転するプロジェクトの場合）

なお，投資登録証明書に記載される主な内容は以下の通りです。

1) 投資プロジェクトの名称

2) 投資家の情報

3) 投資プロジェクトコード

4) 投資プロジェクトの場所，使用する土地面積

5) 投資プロジェクトの目標，規模

6) 投資プロジェクトの投資資本（投資家の出資資本，調達資本）

7) プロジェクト活動期間

Q9 投資登録証明書の入手後の手続き

投資登録証明書の入手後の主な手続きを教えてください。

Answer

外国人投資家は投資登録証明書を入手後，以下の手続きが必要になります。また手続き完了後は，企業法に基づき企業登録証明書を取得する必要があります。

1) 社印登録

2) 銀行口座の開設

3) 従業員の雇用等

工業団地に進出する際には，工業団地の管理委員会から各手続きのサポートを受けられる場合があります。それ以外は，会計事務所又はコンサルタント会社等からサポートを受けることが効果的です。

Q10　投資登録証明書の修正

　営業開始後，投資登録証明書に記載されている経営活動以外の事業を行う場合は，投資登録証明書の修正が必要ですか。

Answer

　投資登録証明書で許可されている経営分野，業種を変更するなど投資登録証明書の内容に変更がある場合は，投資登録証明書の修正が必要です。この場合には，投資登録証明書の発行機関に対し申請書を提出し，許可を受けなければなりません。主な申請書類は以下の通りです。

1）　申請書（投資登録証明書の変更を要請するもの）
2）　投資プロジェクトの調整を要請する時点の投資プロジェクトの展開状況報告書
3）　投資登録証明書修正の説明書
4）　各変更内容に関連する資料など

　場合によって追加資料を要求されることがありますので，事前に投資登録証明書発行機関に確認が必要です。また，併せて企業登録証明書の変更を行わなければならない場合がありますので確認が必要です。

Q11　企業登録証明書の取得
　　　　（Enterprise Registration Certificate：ERC）

　企業登録証明書発給のための申請書類を教えてください。

Answer

　企業法及び企業登録に関する政令（No.01/2021/ND-CP）によると主な書類は

以下の通りです。なお，申請書類は改訂されることがありますので，詳細は専門家に確認することを推奨します。

(1)　**個人企業**

 1)　企業登録申請書

 2)　ベトナム人に対しては，効力を有する公民身分証明カード又はIDカード又は効力を有するパスポート。外国人に対しては効力を有するパスポート又はパスポートと同等の文書

(2)　**二人以上有限責任会社，株式会社，合名会社**

 1)　企業登録申請書

 2)　会社定款

 3)　二人以上有限責任会社，合名会社の社員名簿，株式会社の発起株主及び外国投資家である株主の名簿。

 4)　以下の文書の写し

  ①　設立企業の法的代表者の，ベトナム人に対しては効力を有する公民身分証明カード又はIDカード又は効力を有するパスポート。外国人に対しては効力を有するパスポート又はパスポートと同等の文書

  ②　企業設立者が個人の場合は，ベトナム人に対しては効力を有する公民身分証明カード又はIDカード又は効力を有するパスポート。外国人に対しては効力を有するパスポート又はパスポートと同等の文書

  ③　企業設立者が組織の場合は，組織を証明する法的文書と，組織の代表者又は委任された代表者について，個人を証明する文書（ベトナム人に対しては効力を有する公民身分証明カード又はIDカード又は効力を有するパスポート。外国人に対しては効力を有するパスポート又はパスポートと同等の文書）

  ④　外国投資家が設立した企業又は外国投資資本の企業体については，投資法及び施行案内文書の規定に従って，投資登録証明書

なお，外国組織が設立者の場合，外国組織が提出する文書は領事認証を受けなければなりません。

(3)　一人有限責任会社

1）　企業登録申請書

2）　会社定款

3）　以下の文書の写し

①　設立企業の法的代表者の，ベトナム人に対しては効力を有する公民身分証明カード又はIDカード又は効力を有するパスポート。外国人に対しては効力を有するパスポート又はパスポートと同等の文書

②　企業設立者が個人の場合は，ベトナム人に対しては効力を有する公民身分証明カード又はIDカード又は効力を有するパスポート。外国人に対しては効力を有するパスポート又はパスポートと同等の文書

③　企業設立者が組織の場合は，組織を証明する法的文書と，組織の代表者又は委任された代表者について，個人を証明する文書（ベトナム人に対しては効力を有する公民身分証明カード又はIDカード又は効力を有するパスポート。外国人に対しては効力を有するパスポート又はパスポートと同等の文書）

④　外国投資家が設立した企業又は外国投資資本の企業体については，投資法及び施行案内文書の規定に従って，投資登録証明書

なお，外国組織が設立者の場合，外国組織が提出する文書は領事認証を受けなければなりません。

企業登録証明書に記載される主な内容は以下の通りです。

1）　企業の名称及び企業コード

2）　企業の本店住所

3）　有限会社及び株式会社については企業の法定代理人，合名会社については各合名社員，私人企業については企業主，それぞれの氏名，恒久的住所，国籍公民身分証明書・パスポート等の合法的身分証明書の番号

4）　定款資本

Q12 企業登録証明書の修正

企業登録証明書を修正する場合の手続きを教えてください。

Answer

主な概要は以下の通りです。

(1) 企業法によると，企業は以下のいずれかの内容について変更したときは，企業登録機関に登録しなければなりません。

　　1) 経営分野，業種の変更

　　2) 株式会社については，発起株主及び外国投資家である株主の変更（上場会社を除く）

　　3) その他の企業登録証明書の内容変更

(2) 企業の法定代表者は，変更があった日から10日以内に企業登録証明書の内容の変更を登録する責任を負います。また，企業登録機関は，内容変更に関わる書類受領した日から3日以内に，審査を行い新たな企業登録証明書を発給する責任を負います。企業登録機関が発給を拒否する場合は企業に理由，修正，補充の要求を明記して通知をしなければならないとされています。

Column　企業登録証明書の発給

　企業登録機関は，書類の受理日から3営業日以内に企業登録書類の処理を完了し，企業登録証明書を発行するとされています。しかし，実務では業種によって企業登録証明書発給までの期間が異なっています。ベトナムでの雇用創出や新たな技術につながる製造業の企業登録証明書は比較的早めに発行されますが，金融機関等の規制産業は長期にわたることがあります。そのため，企業登録書類の提出については，専門家に問い合わせる必要があります。

Q13 投資プロジェクトの事業期間

プロジェクトの期間に定めがあると聞いていますが，概要を教えてください。

Answer

　概要は以下の通りです。

　社会・経済的に困難又は特別困難な地域，経済特区における投資プロジェクト又は大きな投資資本を有するが回収が遅いプロジェクトの場合は70年を超えないものとし，それ以外の投資プロジェクトの場合は50年を超えないと投資法で規定されています。

Q14 資本金口座の開設

ベトナムに投資をするにあたって，口座の開設に関する留意点ついて教えてください。

Answer

　ベトナムでは，有限会社の社員又は株式会社の株主は，新規設立にあたって，企業登録証明書の発行日から90日以内に企業の設立を申請する際に登録する資産の種類により，会社に全額出資する必要があります。

　外国人投資家は資本金の出資を外貨により行うことも可能ですが，ベトナム国内の銀行で開設した資本金口座に振り込まなければなりません。

　政府は2019年に通達（No.06 2019/TT-NHNN）を交布しました。本改正では，投資登録証明書の取得前の段階に支払った，会社設立やベトナム国内企業の株式取得，設立のための法務手続き，開業準備行為に要する費用について海外か

ら又はベトナム国内の銀行で開設した口座から送金をして支払うことが可能である旨が明記されました。

　投資登録証明書の入手後，開業準備行為のために支払った費用については，出資金又は借入金に振り替えることができ，もしくは残額を海外へ送金することも可能です。

Q15　海外からの借入

　　日本の本社から親子ローンで資金調達を行う予定です。留意点を教えてください。

Answer

　ベトナム子会社は短期，長期借入のいずれの方法で親会社から借入を行うことができます。実施にあたっての主な留意点は以下の通りです。

1　短期借入

　ベトナム中央銀行に対する登録は法的に不要ですが，返済期間は1年以内と定められており，原則として事業運営に関わる運転資金を賄うための使途制限があります。

2　長期借入

1)　1年以上の長期借入はベトナム中央銀行に登録義務があります。借入契約締結後30営業日以内かつ借入金の送金前に，中央銀行に対して賃借契約書の登録，及び返済計画作成と履行が求められます。長期借入の状況は四半期ごとに中央銀行に報告する義務があります。

2)　借入上限は投資登録証明書に記載される借入枠（総投資額−定款資本金）の範囲内です。

Q16 配当金の送金

配当金の海外送金について税金は発生するでしょうか。

Answer

　配当金送金に対する送金税は，2004年に廃止されました。結果として配当金には源泉徴収税が課されません。ただし，配当の前提として，既に税金債務など法的な債務を全額支払っていること，借入金の返済が遅滞しないなどを前提に送金が認められています。

第 3 章

会社法務に関するQ&A

● Point ●

　2015年7月に新しい企業法及び投資法が施行されました。ここでは，企業法をもとに，会社の運営に係る法律及び手続きについてまとめています。特に外国企業によるベトナムにおける一般的な進出形態である有限会社について詳しく記載しています。

　ベトナムでは内部監査の役割を持つ監査役（会）の制度が導入されています。全ての会社に強制されるものではありませんが，投資家の数により，外国企業の子会社は監査役を置かなければなりません。

Q1　企業法上認められる会社組織

　ベトナムで認められる会社組織について教えてください。またその際，法律上設置することが必要な機関についても教えてください。

Answer

　ベトナムの企業法上，挙げられている会社組織には４つのものがあります。その４つとは有限責任会社，株式会社，パートナーシップ（合名会社）及び個人企業です。その中でパートナーシップあるいは個人企業で進出するケースはほとんどなく，多くの日系企業を含めた外国企業は，有限責任会社形態をとります。また，ベトナム上場企業や一部の外国企業については，株式会社の形態をとっています。

　ほとんどの外国企業の企業形態とされる有限責任会社は，企業法上１名（法人含む）の出資からなる一人有限責任会社と２名以上（50名以下（46条），法人含む）の出資からなる二人以上有限責任会社に分けられます。

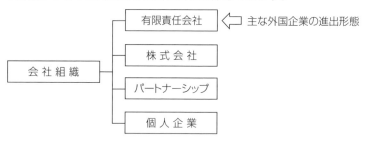

1　会社組織

(1)　有限責任会社

　有限責任会社は，１名（法人も含む）以上50名以上の出資者から構成され，その責任は出資の範囲内に限定されます。１名の出資者により構成される有限

責任会社は一人有限責任会社とされ，2名以上の出資者からなる有限責任会社とは会社の機関の一部に差異があります。

(2)　株 式 会 社

　株式会社は，株主3名以上から構成され，その責任は出資の範囲内に限定されます。

　株主は設立から3年後は株式を第三者に譲渡することができます。

(3)　パートナーシップ

　パートナーシップは，2名以上の無限責任社員である個人（有限責任社員を含む場合もある）により構成され，会社債務については，無限責任社員が直接・無限の責任を負います。また，有限責任社員については，出資額の範囲内で責任を負います。無限責任社員は，会社債務に対し直接・無限に責任を負う反面，会社の業務執行権及び代表権を有します。

(4)　個 人 企 業

　個人企業は，企業の全活動に関し，自己の全財産をもって自ら責任を負います。1名の個人は，個人企業を1社のみ設立できることが法律で規定されています。

2　機　　　関

(1)　一人有限責任会社

　一人有限責任会社の機関の設置方法については，2つの選択肢があります。1つは，社員（出資者のこと）1名が会社の意思決定権限を持つ授権代表者1名を指名する方法です（79条1項a）。授権代表者1名はそのまま会社の機関である会長となります。

　もう1つは，社員1名が授権代表者を数名選任し，授権代表者は社員総会に出席し，合議制により会社の意思決定を行う方法です（79条1項b）。

　会社の基本事項についての意思決定は，会長あるいは社員総会による会議によります。以前の企業法では，監査役の設置が義務づけられていましたが，2021年1月1日の改正で，一部の国有企業を除き，監査役の設置が任意に変更

になりました（79条2項）。

（授権代表者が1名の場合）

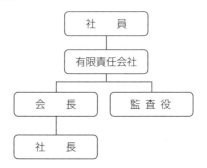

（授権代表者が2名以上の場合）

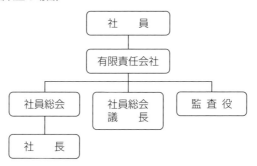

(2) 二人以上有限責任会社

　社員2名以上の有限責任会社の機関は，社員全員により構成される社員総会，社員総会議長，社長で構成されます。以前の企業法では，11名以上の社員を有する場合は監査役会を設置しなければなりませんでしたが，2021年1月1日の改正で，一部の国有企業を除き，監査役・監査役会の設置が任意に変更になりました（54条）。

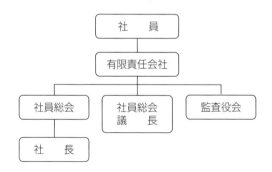

(3) 株式会社

　株式会社の機関は，株主（出資者）から構成される株主総会，取締役から構成される取締役会，代表取締役及び監査役会によって構成されます。しかし，株式会社の株主が11名未満であり，各株主が会社の株式総数の50％未満を保有する場合には，監査役会の設置は強制ではありません（137条1項）。

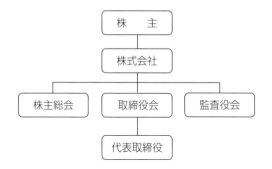

(4) パートナーシップ及び個人企業

　個人企業主及びパートナーは，原則として会社債権者に対し直接・無限の責任を負っています。企業主あるいはパートナーの意思決定が，そのまま会社の意思決定となります。

Q2 定款記載事項

　有限責任会社の定款に記載しなければならない事項について教えてください。

Answer

　有限責任会社の定款には，主に下記の記載が必要です（24条）。

1　必要記載事項

1）　本社（及び支店，駐在員事務所）の商号及び所在地

2）　経営分野，業種

3）　定款資本

4）　社員の氏名，住所，国籍

5）　社員の持分及びその価額

6）　社員の権利と義務

7）　管理組織機関

8）　法的代表者の人数，管理職名及び権利，義務

9）　決議方法及び内部紛争の解決方法

10）　管理者及び監査人に対する報酬，給与及び賞与の確定根拠及び方法

11）　持分又は株式の買取，譲渡の条件

12）　利益配当及び損失処理

13）　清算・解散を行う条件と手続き

14）　定款の変更手続き

15）　法的代表者，社員（授権代表者）の氏名及び署名

また，任意に定款に記載することが望ましい事項は以下の通りです。

2 任意記載事項

1) 社員総会（又は会長）の権利義務及び業務範囲（55条2項，51条1項a号，79条2項）

2) 定例及び臨時社員総会の開催条件（58条1項2項）

3) 授権代表者の議決権（一人有限責任会社）（80条5項）

4) 社員総会招集方法（57条，80条4項）

5) 決議方法（投票，稟議，その他方法など）（58条3項，59条1項，61条）

6) 決議事項（任意決議事項）（59条2項）

7) 社員総会（55条2項n号，79条4項），監査役（設置する場合。54条2項，79条2項），会長（57条6項），社長（63条2項1号，82条2項）の権限，義務及び業務範囲

8) 会長不在時の権限委譲（56条4項，80条3項）

9) 一定額以上の投資もしくは資産の売却（59条3項b号）

10) その他従来適用された定款の内容

11) その他任意記載事項

定款の作成は，弁護士事務所あるいは会計事務所に相談のうえ作成することが一般的です。有限責任会社の定款は各ページに社員のサインが必要となります。任意記載事項は，ベトナムの法令に違反しない限り，何を記載してもよいとされています。

Q3 有限責任会社の社員の権利及び義務

有限責任会社の社員の権利及び義務にはどのようなものがありますか。

Answer

企業法に基づく社員の権利には主に以下のものがあります（49条）。

1) 社員総会に出席し，社員総会の議案を討論し決議する

2) 持分比率に応じた議決権

3) 会社が租税を全額納め，その他の法令の規定に基づき各財務義務を完了した後の，持分比率に応じた利益の分配

4) 解散，破産時の持分比率に応じた残余財産の分配

5) 増資の際の優先的出資

6) 持分の譲渡

7) 社員総会の議長，社長の民事責任を問う訴えの提起

8) 社員総会の招集，社員名簿や会計帳簿などの閲覧，社員総会決議の取消し請求（これらは10％以上の出資社員あるいは定款に規定された社員のみが有する権利です）

一方，以下が企業法に基づく社員の義務となります（50条）。

9) 資本金を期限通り出資し，出資した資本金の範囲で会社の損失や債務につき責任を負う

10) 定款を遵守する

11) 社員総会の決議及び決定を執行する

12) 法令違反をした場合，会社の利益に資する以外の目的で行った取引によって他人に損害を与えた場合には個人責任を負う。また，会社に財政危機が起きるおそれがある場合に期限前の債務を弁済する個人責任を負

う

Q4　有限責任会社の意思決定方法

有限責任会社及び株式会社の意思決定方法について教えてください。

Answer

概要は以下の通りとなります。法律上規定された最低ラインを示すものであり，定款で要件を厳しくすることは可能です（要件を緩和することはできません）。

	一人有限責任会社	二人以上有限責任会社	株式会社
最高意思決定機関	社員総会（授権代表者2名以上の場合）	社員総会	株主総会
定足数	授権代表者総数の3分の2（80条5項）	定款資本の65％以上（58条1項）	議決権株式の50％超（145条）
特別決議	出席者の75％以上（80条6項）	出席者の出資総額の75％以上（59条3項b号）	出席者の議決権総数の65％以上（148条1項）
普通決議	出席者の50％超（80条6項）	出席者の出資総額の65％以上（59条3項a号）	出席者の議決権総数の50％超（148条2項）

一人有限責任会社の場合，定款に特別の規定がない限り，社員総会の構成員（授権代表者）は同等の権利を有します。

社員総会の開催及び書面による決議について教えてください。

Answer

二人以上有限責任社の社員総会は以下のように定められています。

① 社員総会は，最低年1回の開催が法定で求められています（55条1項）。社員総会は，会長及び法定資本の10％以上又は定款に規定された社員総会の開催権限を持つ社員あるいは社員グループの求めにより開催することも可能です（49条2項，57条1項）。

② 社員総会の開催は，出席する出資者の出資持分が定款記載資本の65％以上となることが必要です（58条1項）。

③ 65％未満の場合は，1回目の会合予定日から15日以内に2回目の会合の招集通知を送付しなければならない。2回目の会合は定款記載資本の50％以上を保有する社員が出席する時に行うことができます（58条2項a号）。

④ 2回目の会合が上述の実施要件を満たさない場合，2回目の会合予定日から10日以内に3回目の会合の招集通知を送付しなければならない。。この場合は，出席者の出資持分にかかわらず，社員総会の開催が認められます（58条2項b号）。

⑤ 定款に特別な規定がある場合を除き，社員総会の議決に関する意思決定を書面で行うことができます（59条1項）。この場合には，決定すべき議案について文書を作成し，社員総会の構成員全員に送付しなければなりません（61条）。

一人有限責任社の場合は，社員総会は構成員総数の少なくとも3分の2が出席するときに開催されます。また，社員総会の議決に関する意思決定を書面で行うこともできます（80条5項）。

Q6　社員総会の決議事項

有限責任会社の社員総会の決議事項にはどのようなものがありますか。また，社員総会の議事録は要求されますか。

Answer

二人以上有限責任会社の社員総会の必要決議事項は以下の通りです（59条2項3項，67条，68条）。

1） 定款の修正

2） 会社の事業方針及び事業展開

3） 社員総会議長，社長

4） 年次財務報告書（利益分配）の承認

5） 会社の再編又は解散

6） 会社の直近の財務報告書に記載された資産総額の50％以上の資産の売却（定款により比率を低く設定する場合はその比率）

7） 社員，社員の委任代表者，社長，法的代表者もしくはその関係者が係わる契約及び取引

8） 親会社の管理者もしくは親会社において管理者を任命する権限のあるもの，もしくはその関係者との契約及び取引

9） 定款資本の増額減額

また，社員総会については，議事録の作成が必要となり（60条1項），出席した社員により，承認されなければなりません（60条2項）。また，社員総会の議事録には，主に以下の内容が記載されなければなりません（60条2項）。

1） 総会が開催された日時及び場所，目的，議事次第

2） 出席した社員又は委任代表者の氏名，出資率，出資証明書番号及び発行日，欠席する社員又は委任代表者の氏名，出資率，出資証明書番号及び発行日

3） 総会の議事の経過の要領及びその結果

4） 出席した社員又は委任代表者全員の氏名及び署名

　一人有限責任会社の社員総会の決議事項は，社員の権限に属し，社員総会の具体的な権利・義務・業務範囲については社員の方針に従い，定款に定めます（79条）。なお，議事録の作成，承認については，二人以上有限責任会社と同様です（79条7項）。

Q7　有限責任会社の法的代表者の責任

　　法的代表者には誰がなれますか。また，特に留意しなければならないことはありますか。

Answer

　一人有限責任会社は，定款に異なる定めを規定しない限り，社員総会議長又は会長が法的代表者となります（79条2項）。ただし，二人以上有限責任会社では，法的代表者は社員であればなることができます（12条6項）。また，法的代表者として複数人を選任することができますが，少なくとも1名はベトナムに常駐しなければなりません（12条2項3項）。1名の法的代表者を有する場合で，もしその法的代表者がベトナムを離れる場合には，他の者に会社の法的代表者としての権利及び義務を委議しなければなりません（12条3項）。

Q8　有限責任会社の社長の権限

　有限責任会社の社長の権限及びその資格要件を教えてくださ
い。

Answer

　有限責任会社の社長は，社員総会あるいは会長によって選任され，日常の営業活動を円滑に運営し，社員総会に対し自らの権限及び任務の遂行について責任を負う者です。社長の権限は主に以下のものが挙げられます（二人以上有限責任会社：63条。一人有限責任会社：82条１項，２項。内容は同じ）。

1）　社員総会の決議を履行する

2）　会社の日常的な経営活動に関わる事項を決定する

3）　経営計画と投資計画を遂行する

4）　社内管理規則を整備する

5）　管理職を任免する（社員総会で任免が決議される管理職を除く）

6）　会社の契約に署名する（社員総会で決議されるものを除く）

7）　組織構造について社員総会（もしくは会長）へ提案する

8）　年次財務決算報告を社員総会へ提出する

9）　利益及び損失の処分について社員総会へ提出する

10）　従業員を雇用する

11）　その他労働契約及び社員総会決議に基づいた権利と義務を履行する

　　　企業法上，社長の資格には以下のものが挙げられています（二人以上有限責任会社：64条。一人有限責任会社：82条３項。内容は同じ）。

12）　法的な欠格事由に該当しない者

13）　会社の経営管理について専門性及び経験を有する者

Q9 監査役あるいは監査役会

監査役あるいは監査役会は常設機関ですか。

Answer

　有限会社及び株主総会の監査を行う監査役あるいは監査役会について，法律では以下のように規定されています。2021年1月1日の改正で有限責任会社の監査役・監査役会の機関設計が緩和されています。

	監査役あるいは監査役会
一人有限責任会社	一部の国有企業を除き，監査役の設置は任意（79条2項）
二人以上有限責任会社	一部の国有企業を除き，監査役あるいは監査役会の設置は任意（54条2項）
株　式　会　社	監査役会は3名から5名で組織（168条1項） 　ただし，株主が11名未満。各株主が会社の株式総数の50％未満の場合は，監査役あるいは監査役会の設置は任意（137条1項a号）

　有限責任会社の監査役となるためには，以下のような者であることが必要です（103条3項）。

a）経済，財政，会計，会計監査，法律，経営管理に関する専門分野，又は企業の経営活動と符合する専門分野に属する大学卒業以上の学歴を有し，少なくとも3年の職業経験がある。監査役会の長は，少なくとも5年の業務経験がなくてはならない。

b）会社の管理者及び他の企業の管理者であってはならない。国営企業でない企業の監査役であってはならない。会社の労働者であってはならない。

c）会社所有者代表機関の指導者，副指導者級の者；会社の社員総会の構成員；会社の会長，社長，総社長；副社長，副総社長及び会計部門の長；会社の他の監査役の親族関係者であってはならない。

また，株式会社では監査役会の過半数はベトナムに常駐することを求められており，かつ，定款がより高い資格を定める場合を除き，少なくとも1名は経済，財政，会計，監査，法律，企業管理の専門又は企業の経営活動と関連する専門の中の一つに属する大学以上を卒業していなければならない（168条3項）。

Q10 増資及び減資

現行の企業法では増資及び減資は認められていますでしょうか。

Answer

一人有限責任会社，二人以上有限責任会社及び株式会社では，増資及び減資はともに認められています（68条，87条，112条，123条）。

Q11 利益分配，配当

会社はどのような場合に利益分配，配当をすることができますか。

Answer

会社は，納税義務及び法令の規定に基づくその他の各財務義務を果たした後に利益分配後に弁済期が到来するその他の各債務及び財産義務を確実に全額弁済する場合に限り，各社員に利益を分配することができます（69条）。

Q12　持分又は株式の譲渡

企業法上の譲渡手続きを教えてください。

Answer

① 有限責任会社及び株式会社の社員又は株主は自己の持分又は株式を譲渡することができます（52条，127条）。二人以上有限責任会社では，持分譲渡を希望する社員は他の社員に対し，第三者に譲渡しようとする同一の条件で持分の売却を申し出なければなりません。30日以内に各社員が購入しないときに限り，第三者に譲渡することができます（52条1項）。

② 一人有限責任会社では定款資本の一部を譲渡する場合は，二人以上有限責任会社又は株式会社の形態となり，企業登記の変更を行わなければなりません（78条1項）。

③ 株式会社は，設立から3年後は定款で株式の譲渡制限をした場合を除き，自由に譲渡できます（120条，127条）。

資本譲渡を行った場合には，企業登録証明書の内容変更登録を行わなくてはなりません（30条）。

Q13　企業分割及び企業合併

企業法上の企業再編手続きを教えてください。

Answer

有限責任会社及び株式会社は同じ種類の複数会社に分割することができます（198条，199条）。この場合には，社員総会あるいは株主総会による決議（特別決議）が必要になります。会社の分割決定については，社員総会あるいは株主

総会決議後15日以内に債権者及び従業員に周知されなければなりません（198条2項a号，199条3項a号）。

また，2つ以上の企業を合併することができます。この場合には，

① 2つ以上の企業が全ての資産・負債を統合して新規会社を設立して，統合される会社の事業を停止する場合（新設合併，200条），

② 2つ以上の企業のうち，合併される会社の全ての資産・負債を他の会社と合併し，同時に合併される会社の事業活動を停止する場合（吸収合併，201条）が認められます。これらの場合には，社員総会あるいは株主総会による決議（特別決議）が必要になります。また，会社の合併については，社員総会あるいは株主総会決議後15日以内に債権者及び従業員に周知されなければなりません（200条2項b号，201条2項b号）。

Q14　会社の清算

会社清算の手続きを教えてください。

Answer

1　会社が解散できる場合（207条）

1) 定款に規定された活動期間が終了し，活動期間の延長を行わない場合

2) 社員総会，株主総会の決定がある場合

3) 連続する6か月で，会社の社員数が法律に定める最低人数を下回る場合

4) 企業登録証明書が回収された場合

2　解散が決定された場合の主な手続き

(1) 解散の決定

解散の決定については，以下の項目を記載し，事業登録機関に提出する必要があります（208条1項，3項）。

① 社名，本社の所在地

② 解散理由

③ 企業の契約の履行及び各債務の弁済期限，手続き

④ 労働契約より発生した義務の処理実施計画書

⑤ 会社所有者，社員総会の会長，取締役会の会長の氏名，署名

(2) 責　　任

定款に定める場合を除き，会社所有者，社員又は取締役会が企業の清算手続きについて責任を負わなければなりません（208条2項）。

(3) 解散決定の公告

解散決定の承認後7日以内に，企業登録機関，税務機関，及び従業員全員に解散決定の通知が送付され，解散決定が国家企業登録ポータル上に掲載されなければなりません。また，本社，支店及び駐在事務所にて掲示されなければなりません。会社に未返済債務がある場合には，解散決定の通知に債務解決実施計画案を添付して，各債権者，関連する権利，義務及び利益を有する者に送付しなければなりません（208条3項）。

(4) 債務の処理

企業債務は，以下の順序により返済されなければなりません（208条5項）。

① 従業員に対する債務（法律に定める給与，退職手当，社会保険，健康保険，失業保険並びに，集団労働協定及び労働規約の規定に定める他の権利）

② 租税債務

上記の債務の完済後，残余財産は出資者に分配されることとなります。

(5) 企業登録機関への通知

企業の法的代表者は，債務の全てを返済した後5営業日以内に解散に関する書類を企業登録機関に送付しなければなりません（208条7項）。提出が要求される書類については，企業登録機関により異なる場合があるため，事前に確認する必要があります。

Q15　書類の保管義務

会社が保管しなければならない書類を教えてください。

Answer

会社が保管しなければならない主な書類は以下の通りです（11条）。

1）　会社定款，会社の内部管理規則，社員登録簿又は株主登録簿…永久保管
2）　会計帳簿，証憑，年次財務報告書…年次財務報告書は5年，会計帳簿，証憑は10年
3）　工業所有権保護証明書，製品，物品，役務品質登録証明書
4）　社員総会，株主総会，取締役会の議事録
5）　監査役会の報告書，会計監査人の監査報告書

上記の文書は，業種によって保管期間が異なります。

Q16　土地の使用

ベトナムで事業を行うにあたって，土地はどのように取得すればいいか教えてください。

Answer

①　ベトナムは土地は全人民所有に属し，国が所有者の代表として管理しています。国から土地使用権を交付又は賃貸することによって，土地を使用することが可能となります。

②　日本企業がベトナムで事業を行う場合は，一般的には国から土地使用権の賃貸を受けることとなります。ただし，分譲用，賃貸用住宅の開発投資を実施する場合には，土地使用権を交付されることができます（土地法

45 / 2013 / QH 13　55条)。

　　賃貸の場合，土地賃貸料は年払いか一括払いです（56条）。賃貸期間は
50年を超えることはできません。投資資本が大きくてかつ資本の回収が遅
い案件，また経済・社会的に困難な地域，経済・社会的に非常に困難な地
域の場合は，最長70年迄認められます（126条）。

③　投資プロジェクト実施のために国が交付，賃貸した土地が土地の引渡後，
12か月連続で使用されない，又は投資プロジェクトに記載される土地使用
の予定より24か月遅延する場合は，投資家は24か月の期間延長が認められ
ます。ただし，その期間において遅延期間分に対する土地使用料に該当す
る金額を国に納付しなくてはなりません。延長期間が終了しても投資家が
まだ土地を使用しない場合，不可抗力の場合を除き，国は土地及び土地に
定着する財産を賠償することなく，土地を回収することができます（64条）。

第4章

法人所得税に関するQ&A

● Point ●

　ベトナムの法人税は，日本と同様，課税標準は所得金額であり，所得金額は益金の額から損金の額を控除したものとなっています。また，課税所得の範囲については，ベトナムにおいて設立される組織の種類によって異なる点も日本と同じです。一方，費用の損金算入については，(1)事業に関連して実際に発生した費用であること，(2)法律に基づく「証憑書類」を適切に備えたものであること，(3)一定金額以外の支払いの場合は，現金以外の支払いで支払いを証明する書類を備えている必要があることの3要件が必要ですが，別途，規則等で例外が数多く設けられているので，上記3要件を念頭に置きつつ，常に最新の内容を確認する必要があります。また，各種優遇税制もありますので，事前の検討及び税率ごとの分別計算が必要です。

法人税の納税義務者

ベトナムの法人税はどのような会社，組織が支払うことになりますか。

Answer

2020年発行の改訂法人税法によれば，法人税の納税者は，課税所得を有する財の生産・販売又はサービスの供給業者であり，以下のものを含みます。

(a)	ベトナム国内法により設立され，事業を営んでいる法人
(b)	ベトナムにおいて恒久的施設を有しているかどうかにかかわらず，外国法に基づいて設立された企業
(c)	協同組合法に基づいて設立された会社
(d)	ベトナム国内法により設立された公開の非営利事業
(e)	財の生産及び販売又はサービスの供給を行っており，かつ課税所得を有する会社で上記(a)～(d)以外の組織

ここで，外国企業の恒久的施設は外国企業がベトナムでの生産及び販売活動の全て又は部分的な実行を通じて生産及び販売を行う組織であり，以下のようなものが含まれます。

①	支店，事務局，工場，作業場，運搬設備，鉱山，ガス・油田，及び資源探査のサイト
②	建築工事現場
③	従業員や他の組織又は個人を通じたコンサルタントサービスを提供する施設
④	外国企業の代理人
⑤	外国企業名で契約書に署名をする権限を有している駐在員又は外国企業名で契約の署名権限を有していないがベトナム国内で定期的に商品の配送，サービスの供給を行っている駐在員

恒久的施設については，ベトナム社会主義共和国と二重課税防止条約を締結

している場合は，本ルールと異なる取扱いをしているので注意を要します。

Q2　課税所得の範囲

ベトナムでの課税所得の範囲はどのようなものですか。

Answer

　ベトナムにおいては，上記のＱ１の(a)に該当する法人は，全世界から生じる所得を課税所得の範囲とし，(b)に当たる法人は，恒久的施設を通じた活動による所得については，全世界から生じる所得を課税所得の範囲とし，恒久的施設を通じた活動でないその他の所得についてはベトナム国内を源泉とする所得が課税所得の範囲となります。ベトナム国内に恒久的施設を有しない場合であってもベトナムを源泉とする課税所得のある場合は，課税される場合があります。この場合は，租税条約の適用及びその要件等を慎重に検討する必要があります。

Q3　ベトナムの課税年度について

ベトナムの課税年度については，自由に選択できるのでしょうか。

Answer

　課税期間は，原則として暦年です。異なる会計期間を設定することは可能ですが，管轄当局に届け出のうえで３月，６月，９月のいずれかを事業年度末に選択する必要があります。企業は，その会計期間と同じ課税期間を採用しますが，最終課税年度が３か月以内，例えば新規設立に伴う初年度の課税期間，企業形態の変更，株主の交代，及び合併，企業分割，解散，破産等の場合は，次

年度又は前年度に当該期間を加えることができます。ただし，一課税年度は15か月を超えることができません。

　一方，企業が従来採用していた課税年度を変更する場合は，変更年度の課税年度は12か月を超えることはできません。

Q4　ベトナムの法人税率

ベトナムの法人税率は何%ですか。

Answer

　現行法では，ベトナムの法人税の標準税率は20%です。会計年度が暦年でない場合は，暦年を基準として課税所得を按分計算し，暦年に割り当てて計算することになります。

【(例) 税率変更時の税金の計算】　　　　　　　　　　　　　　　　（単位：1,000 VND）

	2015／4 - 6	2015／7 - 9	2015／10 - 12	2016／1 - 3	合計
課税所得	100,000	250,000	450,000	400,000	1,200,000

※　$(1,200,000 \times \dfrac{9\text{か月}}{12\text{か月}} \times 22\%) + (1,200,000 \times \dfrac{3\text{か月}}{12\text{か月}} \times 20\%) = 258,000$

　参考までに近隣諸国の法人税率は，タイ20%，フィリピン25%，香港16.5%，中国25%，マレーシア24%です。

　またベトナムは，外国企業の進出を促すため，特に奨励業種の進出には，法人税などの優遇を設けています。ベトナムに進出している多くの日系企業は製造業ですが，その場合一般的には約10年間の法人税の減免優遇を受けています（優遇措置詳細については，第2章の優遇税制に関するQ&Aを参照ください）。

Q5 課税所得計算の概要

課税所得計算の概要を教えてください。

Answer

課税所得の計算の概要は，以下の通りです。

課税所得の計算においては，監査済み財務諸表の税引き前利益に損金不算入費用を加算し，免税所得や繰越欠損金の減算を行ったうえで，課税所得を算出し，当該課税所得に税率を乗じて計算する点では日本と同じです。

ベトナム国外で法人税もしくは法人税類似の税金を支払っている企業は，法人税法の下で当該期間のベトナムでの法人税支払額を超えない金額で国外での支払法人税額及びその類似税金の金額を控除できます。

もし，売上，費用，その他収益が外国通貨で契約されている場合は，当該取引発生時のベトナムステートバンクが発表の平均銀行間為替レートを使用しなければなりません。

また，ベトナムでは進出奨励業種等において複数の法人税率がありますので，異なる税率の製造又はサービス活動があれば，各々の活動ごとに所得を計算し該当する税率を乗じて計算する必要があります。

Q6 売上高について

売上高（Turnover）についてどのようなことを注意すれば良いでしょうか。

Answer

課税所得を計算する際の売上は，助成金，サーチャージ，追加費用を含む，物品の売上，加工に対する報酬，及びサービス提供に対する料金からの合計の金額になります。

課税所得計算の為の売上計上時期は，次の通りになります。

① 財の販売の場合は権利の移転もしくは買主が使用できるようになったとき

② サービスの供給の場合は，サービス提供の完了時もしくはサービス提供についてのインボイスの作成時。サービス提供にかかる収益は，インボイスの発行時期に拘わらず，サービス提供が全て完了した時又は買主と合意した進捗に基づき部分的に提供されたとき

③ 航空貨物の場合は，買主のために運送サービスが完了したとき

④ 法律によって定められた他のケースの場合

Q7 損金算入費用について

費用が損金算入を認められるための要件を教えてください。

Answer

費用の損金算入の為には，(1)事業に関連して実際に発生した費用であること，(2)法律に基づく「インボイス」及び「証憑書類」を適切に備えた費用で

あること，(3)VAT込みで20,000,000VND以上の支払の場合は，現金以外の支払であり，送金証明書などの支払いを証明する書類を備えていることの３つの条件を満たす費用は税務上損金として認められます。(3)については，20,000,000VND以上の費用については，原則として，現金決済の場合は，損金算入できない点に注意が必要です。また，例えば，以下の項目についても別途，規則等で損金算入が認められています。

① 労働契約書，就業規則，団体交渉議定書等に付与の条件等が明確に規定されている場合の従業員のボーナス

② 研究開発積立金（課税所得の10%まで）

③ 労働契約上給与がネット（手取り）契約で，個人所得税を会社が負担する場合の個人所得税

④ 従業員のユニフォーム（現物支給の場合は全額損金算入）

⑤ 従業員に提供される食費（上限は新法で取り除かれました）

⑥ 出張手当（国営企業の職員に対する手当に対して財政省が定めた限度額）（限度額については，個人所得税の章を参照）

⑦ 雇用契約で特定できる企業が負担する社員のアパート代あるいは住宅手当のうち，給与・賃金の性格を有している場合で，規則に従ったインボイス，証憑を有しているもの

⑧ 女性従業員に対する１番目あるいは２番目の子供の出生手当

⑨ 現行規則に即した失業保険料

⑩ 女性従業員に対する職業訓練費用

⑪ 自然災害，疫病，火災又は不可抗力によって生じた損失で保障されない損失

Q8 損金不算入項目

税務上損金と認められない費用にはどのようなものがありますか。

Answer

Q7の損金算入の(1)〜(3)の要件を満たした費用及びそれ以外に特に規則で認められた費用以外は，原則，損金不算入になります。Q9以降にも具体的な例を記載していますが，他にも下記のような費用及び項目が損金不算入となります。損金算入されなかった項目は，法人税の課税所得に含まれたり，一部項目については，特定の個人に対する便益とみなされ，個人所得税の対象となる可能性がある点に注意が必要です。

① 税務上の減価償却費を超過した額

② 実際に支払が行われていない，あるいは，労働契約に基づかない，従業員に対する費用

③ 財務省の規定に従っていない棚卸資産評価引当金繰入額，貸倒引当金繰入額，製品保証引当金繰入額など

④ 役員報酬（日常業務のある場合を除く）

⑤ 公式インボイスのない商品・サービスの購入費

⑥ 寄附金（一部のものを除く）

⑦ 法令に規定された金額を超えた外国企業から賦課されたマネジメントフィー

⑧ 罰金

⑨ 控除可能あるいは還付可能な税金（付加価値税，法人税，個人所得税）

⑩ 未払費用

Q9 未払人件費の取扱いについて

未払人件費について，損金算入が可能となるための条件を教えてください。

Answer

従業員に対する未払給与については，確定申告期限日までに支払が行われていない場合は，原則として損金不算入となります。ただし，次年度において，賃金基金に補充するための準備基金を有している場合は，一定の条件のもとに損金算入が認められます。

Q10 有形無形固定資産の減価償却

法人税法上の有形無形固定資産の減価償却について教えてください。

Answer

法人税法上，有形固定資産は以下の3つの要件を満たす必要があります。

① 有形固定資産の使用によって，経済的便益がもたらされる

② 1年以上の使用が見込まれる

③ 取得原価が，30,000,000 VND以上の資産

実際に支出された費用で上記の有形固定資産の3要件を全て満たしたにも拘わらず有形固定資産を形成しないものは無形固定資産となります。

また，法人税法上，日本と同様に耐用年数表があります。以下は2013年4月25日発行，財務省令第45号付録の固定資産耐用年数表です。

資　　　産	耐用年数	
	最短（年）	最長（年）
A　動力機械及び設備		
動力を発生させる機械	8	15
発電機，水電機，熱電機，風電機，気体混合物発電機	7	20
変圧器及び電源装置	7	15
その他の動力機械・設備	6	15
B　作業機械及び設備		
工作機械	7	15
鉱業機械・設備	5	15
農業・林業機械	6	15
水・燃料ポンプ	6	15
冶金設備，金属腐食・錆防止の表面コーティング機械	7	15
化学薬品生産用の特別設備	6	15
建設材料，セラミック，磁器，ガラス生産用の特別設備及び機械	10	20
精密機械，電子・光学部品生産用の特別設備	5	15
皮革製造，文具や文化品の印刷用機械・設備	7	15
繊維業用の機械・設備	10	15
縫製業用の機械・設備	5	10
製紙業用の機械・設備	5	15
食料品生産・加工用の機械・設備	7	15
映画・医療に使用される機械・設備	6	15
通信・情報・電子・コンピューター・テレビ産業で使用される機械・設備	3	15
医薬品製造機械・設備	6	10
その他の事業用の機械・設備	10	20
精油・石油化学産業に供される機械・設備	10	20
石油・ガスの探査・採掘に使用される機械・設備	7	10
建設業に使用される機械・設備	8	15
クレーン	10	20

C　測定・実験用の器具		
機械的量・音響的量・熱量の測定・実験器具	5	10
光学的器具及びスペクトロメータ	6	10
電気・電子器具	5	10
物理的・化学的要素の測定・分析器具	6	10
放射能測定機器	6	10
特殊目的のために使用される器具	5	10
その他の測定・実験器具	6	10
鋳造産業に使用される鋳型	2	5
D　輸送手段・設備		
道路の運送手段	6	10
鉄道の運送手段	7	15
水路の運送手段	7	15
空路の運送手段	8	20
パイプラインである運送設備	10	30
荷物の積み卸し・荷揚げの手段	6	10
その他の運送手段・設備	6	10
E　管理機器		
計算及び測定機器	5	8
管理用の通信・電子機器及びソフトウェア	3	8
その他の管理機器・手段	5	10
F　建物及び構築物		
恒久的な建物	25	50
休憩施設・食堂，更衣室・トイレ・ガレージ等	6	25
その他の建物	6	25
倉庫，保管タンク，橋，道路，空港の滑走路，駐車場，乾燥ヤードなど	5	20
堤防，ダム，下水道，運河，排水路など	6	30
その他の構築物	5	10
G　その他上記の区分に含まれない有形固定資産	4	25
H　その他の無形固定資産	2	20

税法上は，定額法が原則で，条件や資産の種類に応じて調整定率法，生産高比例法の償却方法が認められます。また，定額法においても一部技術革新の観点から，機械設備，計測・試験機器，輸送機器，事務用機器等において加速度償却法の採用により赤字にならない等の条件を満たせば，加速度償却が認められるケースもあります。

耐用年数表上，「最短（年）」及び「最長（年）」との表記である場合は，会社の事情に応じて，その間の年数であれば会社が独自に決めることができます。また，固定資産の減価償却方法については，事前に税務当局に届け出なければなりません。多くの会社の場合，会計上も法人税法上の耐用年数を用いて減価償却計算を行っています。

Q11 引当金の取扱いについて

税務上損金と認められる積立金・引当金の取扱いについて教えてください。

Answer

1 棚卸資産評価損引当金

棚卸資産について評価損を計上する場合の税務上の取扱いについては，2009年12月に発行された財務省令第228号によります。

(1) 棚卸資産の評価損について

棚卸資産について正味実現価額より取得価額の方が高い場合は，税務上評価損を計上できますが，その場合の条件は，以下の通りです。

① 取得原価及び正味実現可能価額を証明する適正なインボイス及び文書を備えていること

② 財務諸表作成時に対象となる棚卸資産が在庫を保管している企業に保有されていること

ただし，原材料の場合は，正味実現可能価額が取得原価より低い場合でも当該原材料を使用して作られる製品・サービスの売値が下がっていない場合は，棚卸評価損引当金の計上はできません。

　取得原価及び正味実現可能価額の計算については，取得原価の範囲は，棚卸資産に関するベトナム会計基準（VAS）第２号に従って取得代価に加工費の他，取得にあたって直接必要だった費用が含まれます。正味実現可能価額は，見積販売価格から見積売上原価及び見積販売費を控除したものとなります。評価損の計算にあたっては，製品・サービスの種類ごとに行う必要があります。

(2)　棚卸資産の廃却損について

　商品が消費期限切れ，品質低下，汚損等により使用できなくなった場合の，廃却損の計上が認められるためには，資産処分委員会を置き廃却資産を評価し，議事録を作成する必要があります。議事録には，廃却資産の名前，数量，評価額，廃却理由，回収可能額を記載することが必要となります。

2　貸倒引当金

　貸倒引当金についての税務上の取扱いについては，2009年12月に発行された財務省令第228号及び2019年８月に発行された財務省令48号によります。

(1)　条　　件

　貸倒引当金を計上できる条件は以下の通りです。

①　契約書，金銭消費貸借契約書及び未払金額などが明確に証明できる文書があること

②　以下のイ又はロのいずれかであること

　イ　契約書，金銭消費貸借契約書，その他の債務同意書，債務同意書がない場合は債務同意書の確認依頼書，請求書等の書類における回収期限が経過している場合

　ロ　回収期限は経過していないが債務者（企業，個人事業，協同組合や金融機関）が倒産，清算手続きに入っている，債務者が行方不明，起訴されている，拘束されているなどによって，回収見込みのない可能性が高い

場合

　上記の条件を満たす場合には，将来の回収不能による損失に備えて，貸倒引当金を計上することができます。

(2)　貸倒引当金の引当額

①　回収期限が経過している債権については，以下のようになります。なお，通信業，小売業では経過期間が短く設定されています。

　　　　６か月以上１年未満回収期限が経過している：債権額に対し30％

　　　　１年以上２年未満回収期限が経過している：債権額に対し50％

　　　　２年以上３年未満回収期限が経過している：債権額に対し70％

　　　　３年以上回収期限が経過している：債権額に対し100％

②　回収期限は経過していないが債務者（企業，個人事業，協同組合や金融機関）が倒産，破産手続きに入っている，債務者が行方不明，起訴されている，拘束されているなどによって，回収見込みのない可能性が高い場合には，回収不能な損失額を見積もって貸倒引当金を計上することができます。

③　債務者が破産あるいは解散の場合には，倒産法に基づく裁判所による倒産決定書，適切な権限を有する者による会社の解散の決定書が要求されます。自己解散のケースでは，会社の設立を決定した機関による認証あるいは解散の公告が要求されます。この場合には，回収不能な損失額を見積もって貸倒引当金を計上することができます。

④　債務者が営業活動を終了又は破産した場合には，営業活動を終了したことについての書面による認証あるいは，組織について設立を許可した機関によって発行された破産の認証が要求されます。この場合には，回収不能な損失額を見積もって貸倒引当金を計上することができます。

⑤　債務者が個人の場合には，債務者が行方不明，起訴されている，拘束されているなどに対する公的機関による証明書が要求されます。この場合には，回収不能な損失額を見積もって貸倒引当金を計上することができます。

Q12 交際費及び寄附金の損金算入の可能性

交際費及び寄附金については損金として認められますか。

Answer

　交際費に関しては，事業に関連して実際に発生した費用である場合は，損金として認められます。ただし，ゴルフプレーフィーについては認められません。一方寄附金については，教育・健康・自然災害・貧困層に対する家の建設など一定の認められた寄附を除き，損金として認められません。

Q13 創立費等の損金算入可能性

　会社の設立のために発生した創立費，会社設立後から営業開始までの期間に発生した開業費は，投資証明書を入手した初年度から償却することが可能ですか。

Answer

　投資証明書の入手前に発生した創立費，投資証明書の入手時から営業開始前までに発生した開業費については，税務上３年以内で償却することができます。償却の開始時点は，営業開始後です。

　税務上，これらは３年以内で償却することが認められていますが，会計上は，国際財務報告基準と同様に発生時費用処理が一般的です。

　創立費，開業費に含まれる費用には，会社設立前に発生した従業員の研修費用，広告宣伝費が含まれます。親会社が立替払いにより支払った費用については，借入金，資本金に振り替えることができます。

Q14 親会社からの借入に対する支払利息の損金算入限度額

親会社からの借入（親子ローン）に対する支払利息の損金算入限度額はありますか。

Answer

金融機関又は経済団体以外からの生産又は販売のための借入金の利息の支払で借入時のVietnam State Bankの公表優遇レートの150％を超える利子は，損金算入できず，親会社からの借入も上記制限に該当します。また，借入金の利息の支払と，預金及び貸付金の受取利息を相殺した後の金額がEBITDA（税引前当期純利益＋支払利息＋減価償却費）の30％を超える利子についても，損金算入できません。

一方で，2006年に施行された移転価格税制により，関連者との取引については，支払利息を含め，独立の第三者と取引した場合との比較を行わなければなりません。また，過少資本税制については2023年7月現在，検討段階にあります。

Q15 外貨建取引の為替換算差損益の取扱い

外貨建取引の為替換算差損・差益の取扱いについて教えてください。

Answer

2014年6月18日に財務省から公布された財務省令第78号によると，外貨建取引の為替換算差損・差益の取扱いは以下の通りです。

No	種　　類		課税方法
1	期中の外貨建取引の実現為替差損益（相殺後）	事業活動の損益に直接関連するもの	事業所得の収益又は損金
		事業活動の損益に直接関連しないもの	その他所得の益金又は損金
2	事業年度末の外貨建負債の未実現為替差損益（相殺後）	事業活動の損益に直接関連するもの	事業所得の収益又は損金
		事業活動の損益に直接関連しないもの	その他所得の益金又は損金
3	事業年度末の外貨建て負債以外の換算の未実現為替差損益		益金又は損金に算入不可

　これとは別に，営業開始前の建設ステージにおいて発生した為替差額（期末再評価以外の資産負債について既に回収あるいは返済された際に発生したものも含む）は，当該固定資産が完成し使用できるまで累積し，当該金額は貸借対照表に別途計上され，使用できる状態になった時から，５年以内で償却することが認められています。

Q16　親子会社間のロイヤルティーについて

ベトナム子会社からロイヤルティーを受け取る場合の留意点について教えてください。

Answer

　ベトナムに子会社を設立する際の支援や事業運営にあたって経営支援を行っている場合に，親会社がロイヤルティーやマネジメントフィーといった形で対価を受け取る場合があります。

　ベトナム子会社が親会社にロイヤリティーを支払う場合は，①外国契約者税の支払い，②損金算入性，③移転価格税制の３点に留意する必要があります。

まず，①はベトナム特有の税金で，ロイヤリティー額の10％を納税する必要がある点に留意が必要です。詳細は第7章の外国契約者税の項目をご参照ください。②は契約書やインボイス等のサポーティングドキュメントが十分に具備されていない場合に，税務調査で損金算入を否認されて追徴課税が課せられる可能性に留意が必要です。③について，ロイヤリティー取引は関連者間取引に該当するケースがほとんどであるため，移転価格文書での分析など，税務調査に備えた準備を行う必要がある点に留意が必要です。

Q17 配当金に対する課税の有無

配当金に対する課税はありますか。

Answer

支払配当金については，税引後利益からの支払である限りにおいては，法人税に影響を与えません。

同様に受取配当金については，税引後利益から配当している限りにおいて，法人税は課税されません。

Q18 欠損金の繰戻し・繰越し

税務上の欠損金については，最長何年まで繰り越すことが認められますか。また，繰戻しは認められますか。

Answer

税務上の欠損金については，その発生した事業年度の翌事業年度以降最長5年にわたって繰り延べることが可能で，翌事業年度以降の課税所得と相殺する

ことができます。繰り越された欠損金は，最長５年間で相殺しきれなかった場合は，切り捨てられます。また，欠損金の繰戻しは認められていません。

　繰り越された欠損金が，税務調査により確定された欠損金よりも小さい場合には，税務調査により確定された欠損金額に遡及して修正することは可能ですが，繰延可能な期間は，税務調査後の修正時点からではなく，欠損金が発生した期の末から５年間です。

　さらに，製造業の多くは，法人税法上の優遇措置を受けているため，営業開始後数年間の免税期間（現在は，遅くとも営業開始後４年目から免税期間がスタートします）とその後の優遇税率の半分の税率の適用が数年間続きます。

　この場合，免税期間は欠損金の繰延期間の最長５年には影響を与えません。そのため，免税期間３年及び税金半減期間５年の優遇措置を受けた会社が，営業開始後２年間税務上の欠損金を発生したケースを例とすると，以下のように免税期間のスタート及び半減期間（優遇税率の半分の税率が課される期間）が決定されます。

	１年目	２年目	３年目	４年目	５年目	６年目
利　　　　益	▲300	▲100	300	200	200	300
過 年 度累 積 欠 損 金		▲300	▲400	▲100	−	−
利　　　　益（ 累 　 計 ）	▲300	▲400	▲100	100	200	300
備　　　　考	−	−	免税期間開始※	−	免税期間終了	優遇税率の50％の適用

※　単年度で利益が発生した時点で免税期間がスタートします。営業開始後３年まで損失が継続した場合でも，３年目からは免税期間がスタートします。

　上記の場合は，１年目に300の赤字，２年目に100の赤字を想定しています。３年目には，単年度で課税所得が発生しているため，３年目から免税期間がスタートとなります。また４年目及び５年目には，単年度で課税所得が発生し，また，繰越欠損金を控除しても，課税所得がありますが，免税の対象期間のため，法人税はゼロとなります。５年目で免税期間が終了し，６年目では単年度

で課税所得が発生し，かつ繰越欠損金はありませんので，仮に投資証明書上の優遇税率がない場合には，標準税率20％の半分の10％を税率として課税所得額300に対し法人税30が課されます。

Q19　キャピタルゲインに対する課税

キャピタルゲインに対する課税について教えてください。

Answer

キャピタルゲインに対する税率は20％です。外国企業のベトナム子会社についてキャピタルゲインが生じるケースは，ベトナム子会社の持分を別の会社に売却する場合がほとんどだと思われます。

キャピタルゲインに対する税金は，売却額から投資額及びその費用を控除した額に対し，20％が課税されます。この場合，譲渡元が外国企業でベトナムに恒久的施設がない場合には，譲渡先がキャピタルゲインに対する税額を源泉して税務当局に支払わなければなりません。

キャピタルゲインの増減そのものに関する問題ではありませんが，最近，企業再編に伴って持分を他の企業に売却するケースがよく見られます。例えば，日系ベトナム子会社A社がベトナム企業B社の持分を全てC社に売却するケースを考えます。この際，A社の報告通貨が「ベトナムドンを採用している」あるいは，「米ドルを採用している」かによって，キャピタルゲインに関する税額について大きく状況が変わる可能性があります。

例として，以下のような場合を考えてみます。

①　A社がB社に投資した際の金額：10,000米ドル

②　A社からC社へのB社持分の売却額：10,000米ドル

③　A社のB社持分取得時為替レート1米ドル：16,000VND

④　C社がA社からB社持分を譲受した時の為替レート1米ドル

：19,000VND

この場合には，下記のようになります。

(1)　A社が米ドルを報告通貨として採用している場合のキャピタルゲイン

　　10,000米ドル－10,000米ドル＝0

(2)　A社がベトナムドンを報告通貨として採用している場合のキャピタルゲイン

　　10,000米ドル×19,000VND－10,000米ドル×16,000VND

　　＝30,000,000VND

A社は，上記30,000,000VNDをキャピタルゲインとして申告及び納税（上記20％）しなければなりません。ただし，持株比率が25％未満の場合等，日越租税条約で記載されているキャピタルゲインの免税対象にならない条件に抵触しない場合は，キャピタルゲインについては日越租税条約により所定の手続きにより免税対象となります。持株比率が25％以上の場合等，日越租税条約で記載されているキャピタルゲインの免税対象に該当する場合は，日越租税条約による所定の手続きにより免税となります。

Q20　不動産等の譲渡所得と事業所得との相殺

　不動産等の譲渡によって生じた譲渡損失は，事業所得等と相殺できますか。

Answer

　2014年6月18日に財務省から公布された財務省令第78号により，不動産譲渡，プロジェクトの譲渡，プロジェクトの参加権（鉱物の探鉱・試掘・生産権の譲渡所得を除く）の譲渡により生じた損失は，事業所得とその他所得との相殺が認められるようになりました。

Q21 法人税の優遇税制の対象範囲について

法人税の優遇を受けた場合，全ての収益に対して，優遇税率が適用されますか。貸倒引当金の戻入益や為替差益などのその他収益に対する課税についてはどのようになりますか。

Answer

ベトナム政府から与えられる優遇税制は，認められた業種などある一定の活動にのみ与えられています。そのため，優遇措置対象外の営業活動に伴って発生する収益及び会計上の営業外収益に当たる為替差益や引当金の取崩しなどによる一部の収益については，優遇措置の対象外となります。

例えば，決済済みの為替差益について，原則として，優遇措置の対象となる事業活動から生じた為替差益については，優遇税率が適用され，優遇税率の対象とならない活動から生じた為替差益については，標準税率20％が適用されます。

Q22 法人税の申告及び納税

法人税の申告及び納税について教えてください。

Answer

申告の種類及び申告方法は次のようになります。

申告時期	申告の種類	申告及び納税期限
毎四半期	予定納税	四半期末日から30日以内に翌四半期の予定納税（第４四半期も同じ）
年度末	確定申告	期末日から90日以内に申告及び納税

期限までに納付しなかった場合には，原則として未納額に対して１日当たり0.03％の遅延利息が課されます。また，申告に対する不正については，様々な罰金が科せられる可能性があります。

第**5**章

個人所得税に関するQ&A

● Point ●

　ベトナムに企業が進出する際，法人に直接関わる法人税や付加価値税に関しては，多くの企業が事前に何らかの情報を入手しているように見受けられます。

　一方，ベトナム個人所得税に関する情報については，現地に行って初めて，その税率の高さに驚く企業も少なくありません。

　また，企業が従業員に提供する福利厚生について，処理の仕方によっては，個人所得税法上，個人に対する現物給付とみなされる場合があり，取扱いには注意が必要です。

　ベトナムのいわゆる個人所得税ですが，2009年に施行された現行の法律名は，Personal Income Tax（個人所得税）となっていますが，それまではPersonal Income Tax on High Income Earnersという法律名で，高額所得者を対象とした個人所得税でした。現行法施行前の2008年末の時点で月額300米ドル以下の所得では，個人所得税の税率は0％で，ベトナム人の多くがその中に含まれていました。そのため，個人所得税の対象者とされていたのは，ほとんどがベトナム居住の外国人だったということになります。

　現行法においても，新たに基礎控除や扶養控除が導入され，さらに2013年に控除枠が引き上げられた結果，月額600米ドル前後の所得では税額はおおむねゼロとなり，個人所得税の納税対象者の多くがベトナム居住の外国人であることに変わりありません。

　この章では，ベトナムにおける個人所得税の概要と共に，多くの企業が直面するいくつかのケース及び個人所得税の申告のスケジュールなどについてまとめています。

Q1 居住者，非居住者の判定方法及び取扱い

　ベトナム個人所得税法上，居住者・非居住者を判定する方法を説明してください。

Answer

1　個人所得税の申告対象期間と申告期限

　所得の計算期間は，1月から12月の暦年で，申告期限は2021年以降，12月31日から4か月後の最終日の4月30日になります。これは2020年に租税管理法が改正され，90日以内から4か月に変更されたことによります。ただし，期中にベトナムに入国した場合には，初年度の居住日数が暦年で183日未満かどうかで初年度及び入国2年目の申告対象期間に違いが出てくるため注意が必要です。

　例えば，初年度の居住日数が暦年で183日未満の場合で，2021年8月1日に入国した場合は，次のようになります。初年度申告対象期間は，同年8月1日から翌年7月31日までとなり，申告期限は，10月29日となります。183日未満の場合の初年度申告は租税管理法の改正後も90日以内となります。2年目の申告対象期間は，2022年1月1日から2022年12月31日までとなり，申告期限は2023年4月30日になります。この場合，2022年1月から7月までの重複期間は，2年度申告から控除することになります。

　一方，初年度の居住日数が183日以上の場合，例えば，2021年6月1日に入国した場合は，2021年6月1日から2021年12月31日が初年度申告対象期間となり，初年度の申告期限が2022年4月30日となります。一方，2年目は，通常通り2022年1月1日から12月31日を申告対象期間として重複期間はなく，2023年4月30日が申告期限となります。

2　居住者・非居住者の税額計算

　個人所得税法上，居住者と非居住者では，以下のように税額計算の方法，税

率が異なります。

(1) 居住者の税額計算

居住者の場合，全世界所得に対し課税が行われます。また，基礎控除や扶養控除など一部の所得控除が認められています。税額の計算には累進税率が課され，現行の最高税率は35％です。

(2) 非居住者の税額計算

非居住者の場合，ベトナム源泉所得に対し課税が行われます。居住者に認められた所得控除は認められず，例えば給与所得の場合は，一律に20％の税率が課されます。

【居住・非居住別の給与所得に対する税率】

	課税対象	税　　率
居　住　者	全世界所得	５％から35％の累進税率
非 居 住 者	ベトナム源泉所得	20％

3　居住者，非居住者の判定

個人所得税法上，以下のものが居住者とみなされます。

① 最初の入国日から起算した12か月のうち183日以上滞在した者は，居住者として扱われます。翌年からは暦年で183日以上滞在したか否かにより居住者か非居住者かが決定されます。

② ベトナムに恒久的住所を有する場合は，183日未満の滞在者であっても居住者として扱われます。

ベトナムに恒久的住所を有するものには在留証（Resident Card）又は一時在留証（Temporary Resident Card）に記載された登録済の住所を有する者，及び課税年度内に合計183日以上の１つ又は複数の賃借契約を締結している者が含まれます。賃借にはホテル，職場及び事務所等を含みます。

なお，まれなケースではありますが，日本とベトナムの両国において居住者の定義に該当するような場合においては，日越租税条約第４条第２項（正式には，「所得に対する租税に関する二重課税の回避及び脱税の防止のための日本国政府と

ヴィエトナム社会主義共和国政府との間の協定」）に基づいて，

① 恒久的住居が所在する国

② 人的及び経済的関係がより密接な国

③ 常用の住居が所在する国

④ 居住者の有する国籍

⑤ 両国の当局の合意

の順序でどちらの居住者になるか判定を行うことになります。

Column　所得の過少申告

　ベトナム個人所得税法上の居住者の場合には，全世界所得を申告し，それを基に計算された個人所得税を納税しなければなりません。過去には，ベトナムの日系企業子会社の社長（ベトナム居住者）であっても，ベトナム国内で実際に受け取っていた所得額のみを申告して，日本の親会社から日本の個人口座に振り込まれた日本を源泉とする所得を申告していないというケースがよく見られました。さらに，以前は日系企業子会社の社長の給与を月額約1,000米ドルほどで申告していた場合もありました。しかしながら，現在のベトナム税務当局は，主要国の平均的な所得を把握しています。もちろん，日本人も同様です。そのため，会社での地位に対し極端に低い所得で申告した場合には，通常要求される申告書類だけではなく，日本での給与明細などが要求され，追徴課税される可能性が少ないとは言えません。

　実際，数年前には個人所得税の申告手続きの不備（漏れ）を理由に罰金及び延滞利息も含めて1,000万円以上が追徴課税されるという例も発生しました。

　また，通常は会社が社員に対しネット所得を保証している場合でも追徴は個人に対してなされるため，この点に関しても十分に留意する必要があります。

Q2 非居住者の個人所得税の取扱い及び租税条約

　非居住者の場合，個人所得税の申告・納税が必要ですか。また，日越間の租税条約により，免税措置を受けることは可能でしょうか。

Answer

1　非居住者の申告

　非居住者の場合でも，個人所得税の申告及び納税は必要です。個人所得税法上，ベトナムを源泉とする所得に対し，給与所得の場合には一律20％の税率が課されます。この場合には，居住者と同様，個人の納税者番号の取得，月次申告・納税（原則的には月次の所得に変更がない場合には1月目のみ申告が必要となり翌月からは納税のみとなります），年末の確定申告・納税及び最終の清算時の確定申告・納税の手続きが必要となります。ただし，通常これらの手続きは所得の支払者が源泉徴収を行うことになります。

2　租税条約の適用

　日本とベトナムの間には日越租税条約が締結されており，短期滞在者（183日未満の滞在者）に関する個人所得税の免税も日越租税条約に含まれています。そのため，一定の条件を満たした場合，個人所得税の免税措置を受けられる資格を有することになります。

　一定の条件については，日越租税条約第15条第2項において，

①　ベトナム滞在期間が暦年で183日未満であること

②　報酬（給与）はベトナムの居住者ではない雇用者あるいはこれに代わる者から支払われること

③　報酬（給与）が，ベトナム国内に有する恒久的施設又は固定的施設によって負担されるものではないこと

と明記されています。

　ここで，日本の親会社が，ベトナム子会社に出張者を100日派遣したケース
を考えます。上記３つの条件を当てはめてみると，

① 　ベトナム滞在期間が暦年で100日

② 　報酬は，日本の親会社から給与として出張者に支払われる

③ 　日本の親会社からベトナム子会社に費用の付け替えは行わない

　この場合，日越租税条約に基づく短期滞在者の個人所得税の免税の資格を有す
ることになります。

　しかし，免税措置が受けられる資格を有した場合でも，ベトナムにおいて免税
措置が自動的に与えられるわけではなく，税務当局への届出・承認が必要です。ただし，出張者の派遣に対する対価の支払が給与又は給与の一部の支払と見なされる可能性があるため，申請に当たっては，事前に信頼できる専門家等に相談をお勧めします。

Column　日越共同イニシアティブ

　2003年日本・ベトナム両国首相の合意により「日越共同イニシアティブ」というベトナムの投資環境を改善することを目的として合同委員会が立ち上げられました。同年12月には共同イニシアティブ実施のための行動計画44項目が採択され，両政府に報告されました。これらの中には，個人所得税の最高税率の緩和，短期滞在ビザの免税など既に改善されたものもあります。現在はフェーズ5まで進んでおり，そのフェーズ5も2014年の12月に終了し，引き続きフェーズ6を立ち上げることが合意されています。より一層両国の投資環境が改善されることが期待されています。

　上記の短期滞在者の個人所得税の免税のための申請要件についても，「日越共同イニシアティブ」のフェーズ3からフェーズ4によって議論がなされ過度に形式的であった手続きについて要件の緩和を図るなど，一定の成果をあげました。

Q3 全世界所得

全世界所得について教えてください。

Answer

　ベトナムでは居住者の場合，全世界所得に対して課税が行われます。全世界所得とは文字通り，ベトナム国内・国外を問わず全世界で得た所得を指し，全ての所得に対してベトナムで課税されます。ちなみに日本の税制も同様で全世界所得に対して課税されます。

　例えば，駐在員が日本とベトナム両方から給料を受け取っている場合の日本側の給料や日本の自宅を赴任中に貸している場合の賃貸収入も含まれます。また，日本で不動産や有価証券を売却したした場合も所得に含まれます。このように全世界で得た全ての所得が課税対象になってきます。

居住者（海外からの駐在員）の一般的な税金計算の特徴にはどのようなものがありますか。

Answer

税務上の居住者については，前述したようにベトナムにおける源泉所得のみならず，全世界所得に対し課税されます。また，個人のベネフィットに当たるものについては，原則として全て個人所得税の計算対象となります。駐在員の場合，ベネフィットには会社がサービスアパートメントやホテルの滞在費や家賃，運転手の給料等を負担するケースが多いですが，これらも個人所得税の計算対象になります。

また，会社が個人所得税を負担するケースでは，所得税額を個人の手取り額を基に，決められた計算式を用いて課税所得額を計算し，税率表を用いて税額を計算します。これは，個人の手取り額を税込みのグロス額に計算し直した所得に基づいて所得税額を計算する方法です。日本人駐在員のケースの場合，ほとんどがこの方法により行われています。

1　課税所得

給与所得から以下の所得控除を行った後の金額となります。

① 基礎控除及び扶養控除：居住者に対しては1人当たり月額11,000,000 VND年額132,000,000VNDの基礎控除，適格とされる扶養家族（Q5参照）に対しては，1人当たり月額4,400,000VNDの扶養控除が認められています。

② 社会保険料等：法律により支払が強制されている社会保険料，健康保険料及び雇用保険料が所得から控除が可能です。

③ 任意の退職金への掛金：1か月当たり1,000,000VNDを上限に，財務省

の指針に従い設立される任意の年金基金に対する拠出は所得から控除が可能です。

④　慈善事業への寄付金：慈善基金，人道基金又は研究振興基金に対する一定の寄付金は控除可能です。

2　居住者に課される税率

居住者に課される税率は以下の通りです。

基礎控除，扶養控除差引後月額課税所得（VND）	税率(%)
5,000,000以下	5
5,000,000超　10,000,000以下	10
10,000,000超　18,000,000以下	15
18,000,000超　32,000,000以下	20
32,000,000超　52,000,000以下	25
52,000,000超　80,000,000以下	30
80,000,000超	35

上記の税率は，累進で課され，下記の速算表を用いて計算されます。具体的には，課税所得の額から，基礎控除額，扶養控除額を差し引いた金額を元に計算します。例えば月額111,000,000VNDの所得のある居住者（独身）の場合の税額は，次のようになります。基礎控除額は11,000,000VND，扶養控除額は0と仮定しています。

基礎控除，扶養控除差引後月額課税所得額（VND）	税率(%)	税額計算式
5,000,000以下	5	課税所得 × 5%
5,000,000超　10,000,000以下	10	課税所得 × 10% − 250,000 VND
10,000,000超　18,000,000以下	15	課税所得 × 15% − 750,000 VND
18,000,000超　32,000,000以下	20	課税所得 × 20% − 1,650,000 VND
32,000,000超　52,000,000以下	25	課税所得 × 25% − 3,250,000 VND
52,000,000超　80,000,000以下	30	課税所得 × 30% − 5,850,000 VND
80,000,000超	35	課税所得 × 35% − 9,850,000 VND

（2013年財務省令第111号）

　上記の例題の場合，基礎控除後課税所得額100,000,000 VND（＝111,000,000 − 11,000,000）は，税率35%の計算式を用いて，100,000,000 × 35% − 9,850,000 = 25,150,000 VND となります。

Q5　扶養控除及びその証明

　駐在員の配偶者あるいは子供は，扶養控除の対象となりますか。また，扶養控除を受ける際には，証明書の届出が必要ですか。

Answer

　個人所得税法上，扶養控除の対象として認められた被扶養者1名につき，月額4,400,000 VND の扶養控除が受けられます。扶養控除の対象には，子供と配偶者などの被扶養者が含まれますが，以下の条件に該当する場合のみ認められます。また，扶養控除を受けるための所得基準としては，配偶者又は子供が学生の場合は，無所得か全ての所得の合計額が月額1,000,000 VND 以下である必要があります。また，扶養控除を受けるために必要な証明書は以下の通りです。

対 象 者	該当するケース	必要証明書
子　　　供	18歳以下の子供の場合	出生証明書あるいは戸籍謄本
	18歳以上の子供の場合	出生証明書あるいは戸籍謄本及び勤労可能な年齢にあるがハンディキャップを持ち，働けない証明（保健省による証明）
	（海外を含む）大学，専門学校等で教育を受けている子供	出生証明書あるいは戸籍謄本及び学生証あるいは学校の在籍証明書
養　　　子	－	各機関による養子承認の証明書
配偶者及び両親・兄弟	勤労可能な年齢にあるがハンディキャップを持ち，働けない者	戸籍謄本あるいは結婚証明書及び勤労可能な年齢にあるがハンディキャップを持ち，働けない証明（保健省による証明）

　上表の通り，18歳以下の子供の場合には多くのケースで扶養控除の対象となりますが，それ以上の年齢の子供や配偶者は，勤労可能な年齢にある時は，体にハンディキャップを持ち，働けない場合のみ扶養控除の対象となります。

　また，日本で入手しなければならない証明書について，一部の税務当局は，日本語での提出を認めたケースもありますが，原則として証明書が正当な機関から発行されていることを証明するための公証（日本国外務省及び在日ベトナム大使館あるいはベトナム領事館にて）及びベトナム語への翻訳が必要となります。

Q6　給与所得以外の課税所得と税法上の取扱い

　給与所得以外の個人所得税の対象となる課税所得の範囲とそれらの所得に対する課税の取扱いはどのようなものですか。

Answer

1　給与所得以外の個人所得税の対象となる主な課税所得

　給与所得以外の個人所得税の対象となる主な課税所得は以下の通りです。

種　類	概　要
資本投資所得	金銭の貸付，株式への投資及び資本拠出の実行から得られる所得
資本譲渡所得	個人が有限責任会社，パートナーシップ，株式会社，業務提携契約，協同組合又は経済団体に対する出資の譲渡，証券の譲渡及びその他の形態の資本譲渡から得る所得
不動産譲渡所得	土地使用権，住宅，インフラ，建物，土木工事及び土地に付随したその他の資産の譲渡により受ける所得もしくは，住宅の所有権又は使用権，土地又は水面の賃借権及び不動産に対するその他の権利の譲渡から生じる所得
相続・贈与所得	個人が遺言又は法律に基づいて，証券，拠出資本，不動産，その他登記が義務付けられた資産の相続及び贈与から得られた所得

2　利息・配当等

以下の所得に対する税率は，以下の通りです。

所得の種類	居住者	非居住者
利息（銀行預金・生命保険を除く）	5％	5％
配　当	5％	5％
資本譲渡益	利益に対し20％	取引額に対し0.1％
株式・証券譲渡益	取引額に対し0.1％	取引額に対し0.1％
不動産譲渡益	取引額に対し2％	取引額に対し2％
ロイヤリティー・フランチャイズ料（10,000,000VND超）	5％	5％
相続・贈与（10,000,000VND超）	10％	10％

Q7 非課税所得

非課税所得にはどのようなものが含まれますか。

Answer

以下の所得が主な非課税所得です。

① 夫と妻，養親や養子を含む親と子，義理の親と義理の子及び祖父母と孫の間，並びに兄弟姉妹の間における相続又は贈与による不動産の譲渡による所得

② ベトナム労働法に基づく，標準労働時間以外の夜間勤務，超過勤務について1時間当たりの標準単価を超過した部分

③ 銀行又は金融機関に預金された金銭に対する利子，及び生命保険契約から生じる利息

④ 生命保険及び損害保険契約に基づく給付金の支払，労働災害に対する給付金並びにその他，国による給付金の支払

⑤ 社会保険法に基づき社会保険基金が支払う年金

⑥ 国外のベトナム人から外貨で受け取る所得

⑦ 奨学金

⑧ ベトナム国内に唯一の住宅及び（又は）土地使用権を有する個人による住宅の譲渡，又は宅地及び土地に付着した資産の使用権の譲渡による所得

⑨ 慈善基金から又は慈善もしくは人道目的の外国援助による源泉から受ける所得

政府開発援助プロジェクトのために，ベトナムで働く外国人専門家は，一定の条件を満たす場合，税金が免除されます。かかる外国人専門家は，免税の申請書を提出しなければなりません。

Q8 住宅費の会社負担

ベトナム子会社に出向中の駐在員に対し，住宅費の補助をしています。この場合に，駐在員の個人所得税に影響はありますか。

Answer

会社が負担し，社員のベネフィットに当たるものは，原則として全て個人所得税を計算するうえでの課税所得として考慮されます。他の現物給付が原則として全額課税所得に加算されるのに対し，住宅費については，会社がアパートやホテルと直接契約し，直接家賃，水道光熱費及び関連費用を支払っている場合については，グロス給与（税込み給与）の15％と家賃実際支払額とのいずれか小さい金額について，課税所得に加算されます。

（例）　グロス給与が月額10,000米ドル，家賃が月額2,000米ドル（全額会社負担）の場合

　　　　グロス給与の15％＝1,500米ドル

　　　　家賃2,000米ドル＞グロス給与の15％

よって，上記の例ではグロス給与の15％が所得に加算されます。

　課税所得：10,000米ドル＋1,500米ドル＝11,500米ドル

Q9 社用車の個人使用

　駐在員に社用車（あるいはレンタカー（運転手付き））の使用を認めています。主に通勤や顧客回りに使用していますが，プライベートにも使用されています。この場合，個人所得税に影響はありますか。

Answer

　会社が負担し，社員のベネフィットに当たるものは，原則として全て個人所得税を計算するうえでの課税所得として考慮されます。そのため，社用車の私的利用分については，個人のベネフィットとして課税される可能性があります。

　2010年発行のオフィシャルレターによると，出勤あるいは帰宅用に会社の社用車を使う場合にも，これらを通勤手当として個人所得税の対象とするべきであると記載されています。このオフィシャルレターによると，レンタル料あるいはガソリンの使用量をプライベートの使用割合に応じて課税所得に賦課すべきとのことです。

　しかし，2015年の個人所得税法に関する財務省令第92号により企業の通勤規定等に基づいて支給される通勤手当については，非課税となりました。そのため，出勤又は帰宅用に社用車を使う場合にも規定等に基づいて支給される通勤手当については，非課税となります。ただし，社用車をプライベートな目的で使用する部分については，当然，非課税とはなりません。

Q10 駐在員の子女に対する教育費の会社負担

　駐在員子女のベトナムにおける教育費について，日本で通常発生する教育費を超えた部分について会社が負担しています。この場合，個人所得税に影響がありますか。

Answer

　税法上，労働契約に基づいて会社が負担した駐在員子女のベトナムでの初等教育から高等教育までの授業料に関して，個人所得税法上課税の対象とはならないと明記されています。

　会社が駐在員に教育費相当額の現金の支給をしている場合，税務当局は，教育費と現金支給とに直接的な関連性を認めません。よって，この場合には，現金支給額について個人所得税が課される可能性があります。そのため，会社と学校との間で請求書等のやり取りをし，会社が直接学校に対し学費の支払を行う必要があります。

Q11 駐在員の一時帰国費用

　会社が駐在員の一時帰国費用として，渡航費を負担しています。この場合，個人所得税に影響はありますか。

Answer

　労働契約に基づく年1回の一時帰国費用の会社負担については，個人所得税法上の課税対象とはならないと明記されています。

　しかし，会社が駐在員に渡航費相当額の現金の支給をしている場合，税務当局は，渡航費と現金支給とに直接的な関連性を認めない可能性があります。そ

の場合には，現金支給額について個人所得税が課される可能性があります。

　よって，会社は必ず領収書を入手し，個人の立替に対する支払であることを明確にする必要があります。

　年1回の一時帰国費用の会社負担同様，労働契約に基づく赴任時の引越費用も個人所得税法において課税所得となりません。

Q12　従業員に対する食事手当の負担

　従業員に提供している食事については，個人所得税法上，課税対象となりますか。

Answer

　シフト途中の食事手当については，食事が雇用主によって直接提供される場合には税金を免除されます。一方，食事手当を従業員に現金支給した場合，法定の上限額を超過した部分が課税対象となります。

Q13　従業員に対する被服手当の負担

　会社は，従業員に対して制服を支給しています。個人所得税法との関係から，金額の上限がありますか。

Answer

　個人所得税法上，現金支給の場合は，5,000,000 VND までは非課税です。現物支給の場合は，制限なしの非課税です。

Q14　従業員に対する出張手当

従業員の出張手当については，非課税となりますか。

Answer

　出張手当については会社の規定を定めており，それに従って支払が行われている場合は非課税として認められます。

Q15　駐在員の日本での社会保険料等の取扱い

　日本人駐在員がベトナムに出向しましたが，日本における社会保険等は継続しています。保険料の本人負担分は日本で支払われる手当から差し引かれており，会社負担分については，親会社が負担しています。これらについても，個人所得税への影響はありますか。

Answer

　個人所得税法上，ベトナム労働法により認められた強制保険に対する保険料につき，会社負担分については個人所得税の課税対象から除外されます。また，個人負担分については，課税所得額から控除されます。

　一方，外国人の本国での強制保険料に対する会社負担分については，原則として，各個人の個人所得税の対象から除外されます。

　2013年公布の財務省令第111号により，ベトナム国内で就労する外国人従業員の本国の法律に基づき拠出している年金保険基金への強制拠出料について，ベトナムの社会保障制度に対する拠出と性質が同様なものについては，個人所得税法上の課税所得から除外されることが明らかになりました。その際には，

保険会社からの領収書のコピー，もしくは雇用者が源泉徴収を行っていたり，あるいは支払っている場合はその事実を証明する書類が必要となります。

Q16 従業員の超過勤務手当

従業員に対する超過勤務手当については，全額個人所得税が課されますか。

Answer

超過勤務手当に関しては，労働法に基づく通常勤務時のレートを超えた部分が非課税となります。個人所得税法に関する財務省令第111号の記載例によると，例えば通常勤務時の1時間当たり給与が20,000VND，超過勤務時の1時間当たりの給与が30,000VNDの場合，両者差額の10,000VND部分は非課税，通常勤務部分20,000VNDが課税の対象となります。

Q17 ゴルフプレーフィー

会社がゴルフ会員権を取得しましたが，その際の税務のポイントを教えてください。また，プレーフィーについて，個人所得税に影響はありますか。

Answer

会社が購入したゴルフ会員権について，記名式で本人のみが使用できる場合には，個人のベネフィットと看做される可能性があります。その場合には，ゴルフ会員権の購入金額全額が，個人所得税法上，課税所得に賦課される可能性があります。通常法人会員の場合は，法人名義で使用者が特定されていない形

で契約をしているケースがほとんどです。

　また，プレーフィーについて，会社が負担をした場合については，個人のベネフィットとして看做され，費用全額が個人所得税法上，課税所得に賦課されます。

Q18　個人所得税と法人税との関係

　会社が負担する個人所得税は法人税法上，損金とすることが可能ですか。

Answer

　会社が個人所得税を負担した場合は，法人税法上損金算入が可能です。

Q19　退職金の扱い

　ベトナムに居住する日本人駐在員が，ベトナムにて定年を迎えました。定年後もベトナムに居住することを予定しています。退職時，個人所得税は課税されますか。

Answer

　財務省令第84号では，ベトナム社会保険基金から支給される年金は非課税とされています。さらに，ベトナムに居住する外国人で，外国の社会保険法に従った年金についてもこれに該当するとされています。

　一方，退職一時金は，原則として課税所得の対象となり，給与所得と同様居住者の場合，累進税率により課税され，非居住者の場合は一律20％により課税されます。

Q20 個人所得税の申告手続き

個人所得税の申告について教えてください。

Answer

1 個人所得税の申告方法

居住者及び非居住者とも申告方法は同じです。提出する書類様式に一部違いがありますが，最初に個人の納税者番号を取得し，月次申告・納税（原則的には月次の所得に変更がない場合には1月目のみ申告が必要となり翌月からは納税のみとなります），年末の確定申告・納税及び最後の清算時の確定申告・納税が必要となります。

居住者については給与所得，資本譲渡所得，資本投資所得等に関して，非居住者の場合，ベトナム国内に源泉のある全ての所得に関して，支払者が源泉徴収を行う必要があります。

よって，ベトナムでの給与所得のみの場合，居住者である個人が確定申告を行う必要はありませんが，国外から支払われる給与所得を有する場合など以下の場合には個人が確定申告を行う必要があります。

① 国外から支払われる給与所得

② 国外源泉所得

③ 事業所得，不動産譲渡所得，資本譲渡所得，相続・贈与所得

また，以下の場合にも給与所得を有する居住者である個人が確定申告を行う必要があります。

④ 個人所得税として納税すべき額が源泉徴収済みあるいは納付済みの税額の合計額よりも大きい

⑤ 個人所得税の還付を受ける資格がある

⑥ 居住者である外国人がベトナムから出国する

2 個人所得税の申告及び納税スケジュール

納税者番号の登録	入国日後10日以内
月次申告及び納税 （四半期申告及び納税）	翌月20日以内 （四半期終了翌月の最終日まで）
年間源泉徴収申告及び納税	暦年終了から3か月後の最終日まで
個人の確定申告及び納税	暦年終了から4か月後の最終日まで

以下の場合，月次の申告及び納税ではなく四半期の申告及び納税になります。

① 雇用主である会社が付加価値税（VAT）を四半期ごとに申告（前年度の収益が200億VND以下）している場合

② 月次での個人所得税の源泉徴収額の合計が50,000,000VND未満の場合

③ 国外から給与が支払われている場合

3 個人の納税者番号（タックスコード）の登録方法

個人所得税法上，各個人は納税者番号登録をしなければなりません。法律上納税者番号登録は，入国後10日以内に行わなければならないとあります。納税者番号の登録には，日本の親会社からの派遣者を前提とした場合，主に申請書やパスポートなどが必要です。

Column 横　断

　ハノイやホーチミンのようなベトナムの中の都市でも，まだまだ必要な信号が整備されているとは言えません。そのため，時には車道を横断することがどうしても必要となってしまう場合があります。といっても，初めてベトナムに行った場合には，バイクの多さとスピードに驚かれると思いますので，車道を横切るには勇気が必要です。この場合には，周りのベトナム人がどのように横断しているかを見てみましょう。歩くスピードは，ゆっくりとかつ一定に保つことが必要です。そうすれば，バイクは間合いを測って，目の前か後ろを通り抜けて行きます。

Q21 個人所得税の申告手続き及び申告内容に対する罰金

個人所得税について申告や納税の遅れがあった場合の，ペナルティーについて教えてください。

Answer

納税者は，申告や納税の遅延があった際には，おおよその罰金は以下の通りです。

内　　　容	罰　　　金
納税者番号登録の遅延	遅延期間に応じて10,000,000VND
月次あるいは確定申告の遅延	遅延期間に応じて25,000,000VND
月次あるいは確定申告に対する遅延利息	2016年7月以降1日当たり0.03％

遅延利息については，注意が必要です。例えば，2018年度分について2019年3月に申告し，2021年に税務調査があって申告額に不足が見つかった場合，遅延利息は，2019年の申告時から2021年までの税務調査による申告不足額の発見時までの期間により計算されます。

Q22 個人所得税の計算例

駐在員の個人所得税の一般的な計算方法を教えてください。

Answer

駐在員の一般的な個人所得税の計算例は以下の通りです。

（例）　手取額　64,000,000VND

　　　　アパート代　24,000,000VND（会社契約及び負担の場合）

基礎控除　11,000,000 VND

扶養控除2名　8,800,000 VND（1名当たり4,400,000 VND）

手取額から課税所得額を計算する場合には，下表により計算します。

純所得額（VND）（月額）	税率	計　算　式
4,750,000以下	5	純所得額÷95％
4,750,000超　　9,250,000以下	10	（純所得額－250,000 VND）÷90％
9,250,000超　16,050,000以下	15	（純所得額－750,000 VND）÷85％
16,050,000超　27,250,000以下	20	（純所得額－1,650,000 VND）÷80％
27,250,000超　42,250,000以下	25	（純所得額－3,250,000 VND）÷75％
42,250,000超　61,850,000以下	30	（純所得額－5,850,000 VND）÷70％
61,850,000超	35	（純所得額－9,850,000 VND）÷65％

（2013年財務省令第111号）

① 純所得額の計算（基礎控除及び扶養控除を控除後）

$64,000,000 - 11,000,000 - 8,800,000 = 44,200,000$ VND

② 課税所得額の計算（アパート代の課税所得への影響額の計算の前提）

$(44,200,000 - 5,850,000) \div 0.7 + (11,000,000 + 8,800,000)$

$= 74,585,714$ VND

③ アパート代の課税所得への影響額の計算

上記②の課税所得額の15％＝11,187,857 VND（アパート代実際額24,000,000 VND）

アパート代については，アパート代を除く課税所得の15％とアパート代実際額とのうち，少ない方が課税所得に加えられます。そこで，11,187,857 VNDを選択します。

その他，個人のベネフィットと見られるものは，原則としてその全額が課税所得となります。

④ 課税所得の計算

$(64,000,000 - 11,000,000 - 8,800,000) + 11,187,857 = 55,387,857 \, \text{VND}$

$(55,387,857 - 5,850,000) \div 0.7 + (11,000,000 + 8,800,000)$

$= 90,568,367 \, \text{VND}$

⑤ 税金の計算

$(90,568,367 - 11,000,000 - 8,800,000) \times 30\% - 5,850,000$

$= 15,380,510 \, \text{VND}$

第 **6** 章

ベトナムの移転価格税制
に関するQ&A

━━● Point ●━━

　移転価格税制においては2012年5月の税務総局のアクションプラン公表以降，申告書様式の変更（Form3），APA規則の施行，三層構造の移転価格文書の導入など新たな動きが見られます。本章ではこれについて解説します。

Q1　ベトナムの移転価格税制

ベトナムの移転価格税制について教えてください。

Answer

　ベトナム税務執行法（Law on Tax Administration）第37条では独立企業原則を明記し，財・サービスの購入価格，販売価格が，市場価格と合致しない場合には，税務当局が調整する権利を定めています。

　移転価格税制の具体的な執行を行ううえでのガイドラインについては，2006年1月にCircular 117/2005/TT-BTC（以下「Circular 117」）が施行になって以降，ベトナムにおける移転価格税制に関する法令等は以下の表のように変遷をしています。本書では特に断りがない限り，Decree 132/2020/ND-CP（以下「Decree 132」）に基づき解説します。

時期	法令	内容
2006年1月施行	Circular 117-2005-TT-BTC	移転価格税制の導入
2010年6月6日施行	Circular 66-2010-TT-BTC	関連者の定義の拡大
2014年2月5日施行	Circular 201-2013-TT-BTC	APA（事前確認制度の導入）
2017年5月1日施行	Decree 20-2017-ND-CP Circular 41-2017-TT-BTC	三層構造の移転価格文書の導入 支払利息損金算入限度額の導入
2020年7月1日施行	Decree 68-2020-ND-CP	支払利息損金算入限度額の緩和
2020年12月5日施行	Decree 126/2020/ND-CP	APA（事前確認制度）における手続きの明確化
2020年12月20日施行	Decree 132-2020-ND-CP	独立企業間価格レンジの下限の上方修正等
2021年8月3日施行	Circular 45/2021/TT-BTC	Decree 126（APA関連）の適用に関する具体的な方法を規定

Q2　対象となる取引・関連者

　ベトナムの移転価格税制ではどのような取引が対象となります
か。国内の関連者との取引も対象となりますか。

Answer

　移転価格税制では，商品の売買などの有形資産取引とサービス取引や無形資
産取引のうち，各国の移転価格税制で定義される関連者との間の取引が対象と
なります。

1　対象取引

　Decree 132第1条では適用対象として商品・製品ならびに無形・有形固定資
産の購入，販売，交換，貸付，リース取引，サービスの提供，貸付，借入，保
証取引等が含まれると定められています。

2　関連者

　以下の通りA～Kの11項目が列挙されています（Decree 132第5条2項）。

【資本関係】

A．一方の企業が他方の企業の資本の25%以上を，直接又は間接に所有してい
　る。

B．第三者が双方の企業の資本の25%以上を直接又は間接に所有している。

C．一方の企業が他方の企業の筆頭株主であり，直接又は間接に10%以上の資
　本を所有している。

【資金による支配関係】

D．一方の企業が他方の企業に対し，保証や貸付の形（第三者からの借入で関連
　者の財源で保証しているケース，及びその他類似の性質を有する金融取引を含む）で
　資金を供給しており，その貸付金額が他方の企業の資本の25%以上に相当し，

他方の中期・長期借入金総額の50％以上を占めている。

【人的支配関係】

E．一方の企業の取締役会の役員のうち過半数以上を他方の企業が任命している，あるいは，一方の企業の経営活動又は財務活動の決定権を有する１名の取締役を他方の企業が任命している。

F．双方の企業において取締役会の役員数の過半数，又は企業の経営活動又は財務活動の決定権を有する役員が同一の第三者によって任命されている。

【家族関係】

G．双方の企業における人事，財務，事業に関するマネジメント，支配が家族関係にある個人によって行われている。家族関係とは，夫婦，親子（養子及び義理の子供を含む），兄弟姉妹（義理の兄弟姉妹含む），血縁の祖父母と孫，血縁のおじ，おばと甥・姪を指す。

【取引支配関係】

H．双方の企業が本社とその恒久的施設の関係にある，又は双方の企業が同一の外国の組織もしくは個人の恒久的施設である。

I．ある個人が企業への出資又は経営への直接的な関与によって支配している。

J．上記以外で，一方の企業が他の企業の経営活動に関する意思決定を実質的に支配している。

K．課税期間中に，25％以上の資本の譲渡又は取得の取引を行っている。又は，本項目Gに記載された関係を有する個人又は取締役と，拠出資本の少なくとも10％以上の貸付あるいは借入を行っている。

　日本の移転価格税制と比較すると，関連者の定義がかなり広くなっています。日本では国外関連者との取引のみを対象としており，出資持分比率は50％以上です（租税特別措置法第66条の４）。

　ベトナムの規則では国外関連者のみならず国内関連者もその対象としています。このように国内取引をも含めた規則をおいている例は，米国，中国等にもあります。新興国において，外資誘致のために優遇税制を適用している場合，

グループ会社間において適用税率が異なるときには，移転価格操作を利用してグループの税負担を軽減できることから，このような規定が行われています。

Q3　移転価格算定方法の種類

移転価格算定方法にはどのような種類がありますか。

Answer

Decree 132第14条，15条では，以下の方法の中から選択適用することが認められています。

① 独立価格比準法（以下「CUP」）

② 再販売価格基準法（以下「RPM」）

③ 原価基準法（以下「CPLM」）

④ 利益比準法（以下「CPM」）

⑤ 利益分割法（以下「PSM」）

OECD移転価格ガイドラインと比較すると，取引単位営業利益法（TNMM）の代わりにCPMが規定されていますが，実質的には同様と考えて差し支えありません。またOECDガイドラインと同様に最適方法ルールが採用されています（Decree 132第12条）。最適方法ルールとは，納税者が採用している移転価格を説明するために，最適な方法を納税者自らが選択することを定めたルールをいいます。

Q4　移転価格税制において必要な書類

　ベトナムにおける移転価格税制上，どのような書類を準備すればよいのですか。

Answer

1　移転価格税制上作成が必要な書類

　ベトナムの移転移転価格税制上，大きく分けて，①関連者間取引の開示フォーム（TPF），②移転価格文書（TPD）の2つの書類を準備することが必要となります。

　それぞれの書類に含まれる文章は以下の表の通りです。

項目	内容	
関連者間取引の開示フォーム（TPF）（TP Disclosure Form）	▶　毎期作成し，法人税申告書に添付（各3～10頁程度）	
	1）付録Ⅰ	関連者及び関連者間取引に関する情報
	2）付録Ⅱ	ローカルファイル用の必要情報・書類のチェックリスト
	3）付録Ⅲ	マスターファイル用の必要情報・書類のチェックリスト
	4）付録Ⅳ	ベトナム企業が最終親会社にあたる場合のみ必要であり，通常ベトナムの日系企業は準備する必要はない
移転価格文書（TPD）（Contemporaneous TP Documentation）	▶　毎期作成し会社に準備しておく必要あり ▶　以下の3文書を法人税申告書提出前（90日以内）に準備する ▶　税務調査の際に当局から要求された場合，適時に提出する必要がある	
	1）ローカルファイル	グループ会社間の取引価格が移転価格税制上問題ない事を記述する文書（50～100頁程度）

2）マスター ファイル	最終親会社が作成するグループ全体の移転価格 ポリシー等を記載した文書（20〜40頁程度）
3）CbCR （国別報告書）	最終親会社が作成するグループ企業の財務等の 情報 （数頁程度） ※提出期限が決算日後90日→12か月に延長と なった

2 移転価格文書の作成免除要件

1で記載をした2つの書類のうち，②の移転価格文書については，以下のような作成免除要件が設けられており，以下のいずれかの条件に当てはまる場合には，移転価格文書（TPD）の作成義務が免除されます。

なお，当該免除要件については，法律上も適用対象が不明確な部分もあり，適用にあたっては慎重に検討する必要があります。

移転価格文書の作成免除要件

①　売上高が500億VND未満，かつ関連者との取引が300億VND未満の場合

②　事業内容が単純で，売上高が2,000億VND未満で，

　EBIT（支払利息前税引前利益）÷売上高の比率が以下の条件を満たす場合

　卸売業→5％以上

　製造業→10％以上

　加工業→15％以上

③　APA（Advance Pricing Agreement）を締結しておりAPAの年次報告書を提出している場合

④　関連者間取引がベトナム納税者間取引のみであり，同一の法人税率を適用し，かつ当該課税年度内にいずれの企業も法人税の優遇を受けていない場合

Q5 移転価格調査について

　ベトナムにおける移転価格調査がどのようになされているか教えてください。

Answer

1　執行状況

　ベトナムの税務総局（The General Department of Taxation：以下「GDT」）は，2012年5月にアクションプラン（Decision 1250）を公表しました。アクションプランにおいては，税務調査全体の少なくとも20％は移転価格調査とすること，ベンチマーク分析に使用する税務当局の損益に関するデータベースをより充実させることを公表し，移転価格調査の体制を構築することがGDTにとっての最優先事項であることを表明しています。

　2014年の課税年度以降において，財務省（Ministry of Finance：MOF）及びGDTは，GDTと主要な地方税務局（Provincial Department of Taxation：PDT）の両方に移転価格調査の専門部署を設置しています。移転価格調査の専門部署が設置された主要都市は，ハノイ市，ホーチミン市，ビンズオン省及びドンナイ省です。

　その後も，2017年にDecree 20及びCircular 41を公表し，三層構造の移転価格文書の導入などを行うなど，移転価格制度の整備を進めています。地方紙の報道によると，2019年に移転価格調査を受けた会社は，579社となっており，課税所得の上方調整の合計額は5兆9,180億VND，追徴税額及び罰金の合計は1兆1,640億VNDとなっています。

2　移転価格調査を受けやすい企業

　移転価格調査の対象となる企業としては，継続的に赤字を計上している企業（特に，関連者との取引の割合・金額が多いケース，事業規模を拡大しているケース），

当局データ上，同業他社と比較して利益率が低いと判断される企業などが挙げられます。また，関連者に対するロイヤリティー・サービス料の支払，借入利息の支払，固定資産の購入，販売，処分なども調査のトリガーとなる可能性があります。

3　対　　策

　移転価格調査時では立証責任は納税者側にあるため，ベンチマーク分析を含む文書を常にアップデートする必要があります。特に，税務当局より移転価格文書の提示を求められた場合には，適時に提出することが要求されており，事前の準備が非常に重要となります。

　さらに，移転価格文書の作成だけではなく，関連者取引について移転価格決定の方針を定め四半期毎など定期的にモニタリングをしていく仕組みづくりも重要となります。

Q6　事前確認（APA）

事前確認（APA）について教えてください。

Answer

1　事前確認（APA）の意義と種類

　事前確認とは，関連者間取引を行う前に，一定の期間におけるそれらの取引の移転価格を決定するために，適当な一組の基準（例えば，移転価格の算定方法，比較対象とそれらに行う適切な調整，将来の事象についての重要な前提）を決定する事前の合意をいいます。

　事前確認を英語でAPAと省略して呼びますが，米国ではAdvance Pricing Agreement，OECDガイドラインでは，Advance Pricing Arrangementとしており，同じAPAでも言葉が違っています。

APAは合意の当事者の範囲によって，国内APAと二国間APA，多国間APAに分けられます。

① 国内APA：1つの国内において納税者と税務当局が事前に合意するもの

② 二国間APA：二国間における合意で両国の税務当局，両国の納税者（関連企業同士）の四者が関与するもの

③ 多国間APA：三か国以上の国家間での合意

二国間APAの場合には，二国間の税務当局が合意しているので，移転価格課税リスクは排除されます。これに対し，国内APAの場合には，一方の税務当局とのみの合意であるため，相手国における移転価格課税リスクは残ることになります。したがって，国内APAよりは，二国間APAのほうが望ましいと言えます。OECDガイドラインも二国間APAを推奨しています。

2 ベトナムのAPAの概要

税務管理法第38条（No. 38 / 2019 / QH 14）の制定及び2020年10月19日に公布されたDecree 126 / 2020 / ND-CP（以下「Decree 126」）に続き，MOFは2021年6月18日付でCircular 45 / 2021 / TT-BTC（以下「Circular 45」）を公布し，関連者間取引を行う企業に対してAPAの適用に関するガイドラインを公表しています。

これらのガイドラインの要点は以下の通りです。

(1) APAの種類

国内APA，二国間APA及び多国間APAの申請が可能とされています。

(2) 対象取引

APAの対象となる関連者間取引は次の4つの条件を全て満たす必要があります。

① 事業を行う過程で生じた取引であり，APAで提示された対象期間において継続して発生する取引

② 比較対象企業の選択や分析，税務上の取扱いが実態と一致している取引

③　税務訴訟や不服申し立ての対象となっていない取引

④　透明性があり脱税や租税回避又は租税条約の濫用を目的としていない取引

⑶　APAのプロセス

Decree 126に基づいて，納税者は所定のフォームを使用した正式なAPA申請書と関連書類をGDTへ提出することが求められます。納税者は正式なAPA申請書の提出に先立ち，GDTと事前協議を行ったうえで，GDTに対して当該協議資料を提出することができます。

二国間AP又は多国間APAの場合，納税者は相互協議のための申請をGDTへ提出することが求められます。しかし，Circular 45では申請書の内容に関するベトナムの管轄当局（CA：Competent Authority）と海外のCAとの協議について，明確なタイムラインが規定されていません。

正式なAPA申請書の提出後のプロセスは以下の通りです。

①　APA申請書の評価：Circular 45にはGDTが申請書を評価する明確なタイムラインが規定されていません。

②　APAの協議及び交渉：Circular 45では関連者間での協議や交渉について明確なタイムラインが規定されていません。

③　APAの結論：Decree 126では，APAの適用前にMOFの承認を受けなければならないと規定されています。二国間APA及び多国間APAについて，MOFは法務省，外務省及びその他の関係省庁から意見を求める必要があります。また，APAを締結するにあたり，政府や首相にも説明を行い，意見を得ることが求められています。

⑷　APAの対象期間

対象期間は3年間。ただし，納税者が事業を行い，法人税申告を行う実際の事業期間を超えてはならないとされています。

多くの場合，APAは納税者と税務当局双方にとって，移転価格に関するリスクや議論を事前に解消しておくための最も良い方法の1つと言えます。しか

し当該原稿執筆時点において，ベトナムでAPAが承認・実施された事例はなく，承認プロセスにおいて不透明な部分もあるため，申請に当たっては，専門家と協議をしながら対応をしてことが重要となります。

その他の税制に関するQ&A

── ● Point ● ──

　ベトナムの税制上，法人税及び個人所得税と共に重要な付加価値税を
この章で取り上げます。また，その他よく問題となる税制について取り
上げます。ここでは，以下の内容について記載しています。

　①　付加価値税（Value Added Tax：VAT）

　②　特別消費税（Special Consumption Tax：SCT）

　③　外国契約者税（Foreign Contract Tax：FCT）

　④　税務調査

　付加価値税については，税務当局と会社との認識の違い，あるいは，
公式インボイスが適切に管理保管されていないなどの理由により，税務
調査の結果と申告額とが大きく異なるケースがよく見られます。

　特別消費税は，2016年1月から一部の税率が引き上げられました。

　また，外国契約者税については，親会社からのサービスの提供を受け
たにも関わらず，ベトナム企業が申告及び納税の手続きを行っていない
などの申告漏れがよく指摘されています（親会社等外国法人がベトナム会
計システムを採用していない場合）。

　最後に，実際に行われている税務調査の状況について明らかにします。

1 付加価値税

Q1 付加価値税の概要

ベトナムの付加価値税の概要について教えてください。

Answer

1 標 準 税 率

　ベトナム企業は，日本の消費税と同様，売上時に付加価値税を受け取り，仕入時に付加価値税を支払い，その差額について政府に対し納税あるいは還付の請求をすることになります。現行法上ベトナムの付加価値税の標準税率は10%です。それ以外にも，付加価値税法上の取扱いとして0%取引，5%取引及び非課税取引があります。

2 0 % 取 引

　0%は主に輸出する物品及びベトナムにおいて消費されないサービスに対するものに適用される税率です。また，輸出加工企業（Export Processing Enterprises：EPE）との取引は，一般的には輸出取引と同様とみなされるため，それらも原則として0%取引とされます（輸出加工企業との取引でも輸出取引とみなされるような取引については0%取引となり，輸出取引とみなされないような取引，例えば，従業員の送迎サービスなどは輸出取引とみなされないため，0%取引としては取り扱われませんので注意が必要です）。

3 5％取引

5％は製造あるいは生活に使用される水，農作物の生育，栽培に関するサービス（非課税項目に該当するものを除く），未加工あるいは半加工の農水産物（非課税項目に該当するものを除く），販売用又は賃貸用の住宅など，現在のベトナムの必需品に該当するものに原則として適用されます。

4 非課税取引

土地使用権の譲渡，生命保険などの保険サービス，医療サービスなど付加価値税の性質になじまないものは，非課税となっています。

上述以外の物品あるいはサービスに対しては，標準税率10%が適用されます。

Q2 税番の登録

税番の登録について教えてください。

Answer

税番は，各企業や個人に割り当てられる番号であり，契約の締結，インボイスの発行，税務申告の際に税番を記載する必要があります。

個人所得税などの個人に帰属する税番については，税務当局に申請をする必要があります。ベトナムの国内の法人については，以前は設立後，税務当局に申請をして税番を取得する必要がありました。しかし，現在は，企業設立時に企業登録証明書が発行される際に企業コードが割り当てられ，その番号が税番となります。

また外国契約者税の納税については，別途税番の申請をする必要があります。

Q3 申告方法

付加価値税の申告方法について教えてください。

Answer

付加価値税の申告方法は２つあります。１つは税額控除方式，もう１つは直接方式です。

税額控除方式は，ベトナム会計システムに基づき会計帳簿，税務インボイス，領収書などを整備し，売上に係る預かり付加価値税と仕入に係る仕入付加価値税について申告し，その差額を納税又は還付する方法です（ベトナム会計システムの内容については，外国契約者税の部分を参照ください）。

一方，直接方式は，付加価値税の納付額について，物品あるいはサービスに対する付加価値税に付加価値税率を掛けることにより簡易的に計算されます。この場合の付加価値額は，物品あるいはサービスの販売価額から販売のために仕入れた物品あるいはサービスの購入額を控除した額です。

直接方式は，主に以下の場合に認められます。

① 個人あるいは家族により経営されている事業者で，法律に従って帳簿，インボイス及びその他文書を整備していない者

② 投資法に基づいた投資形態でないが，ベトナムで事業を行う外国の組織及び個人で，法律に従って帳簿，インボイス及びその他文書を整備していない者

③ 金，銀，宝石及び外国通貨を売買する者

Q4 非課税取引

非課税取引の内容について教えてください。

Answer

　非課税取引については，付加価値税法第5条に明記されています。付加価値税の性質に合わないものや社会的政策配慮から非課税とされたものがあります。

　例としては，加工前の農林水産物，農産物の種・苗，養殖のための卵など，農作のための給排水設備，農耕具，農産物の収穫に関するサービス，農業用機械及び設備，肥料，塩，国有住宅の借主への売却，土地使用権の譲渡，生命保険，学生保険，動植物に対する保険，証券サービスやデリバティブサービス（金利スワップ，先物予約など），医療サービス，公共郵便及び電信サービス，公共放送，公共交通，そのほか認められた公的サービス，新聞及び教科書の発行，国内で生産できない機械及び設備，武器・軍事設備，人道物資の輸入，輸出品の製造のために輸入された原材料，ベトナムを通過する貨物（非関税地区での購買など），技術移転，加工されていない金，義手・車いすなどの取引が非課税取引として取り扱われます。

　また，輸入の際の目的により付加価値税が非課税となった財・サービスについて，初期の目的とは異なって使用された場合には，輸入時点に遡って手続きを再度行い，付加価値税の申告をしなければなりません。

Q5 ０％取引

０％取引について教えてください。

Answer

税率０％取引は，国際輸送サービス，物品の輸出取引（非課税項目に該当するものを除く）及びベトナムにおいて消費されないサービスの取引（非課税項目に該当するものを除く）に適用されます。海外への技術移転，知的財産移転，海外保険会社との再保険，クレジット・サービス，デリバティブ取引，海外への通信サービス，未加工の天然資源及び採掘された鉱物の輸出は，該当しません。

なお，輸出取引につき０％課税を享受するためには，下記の条件を考慮する必要があります。

① 海外企業との契約書を有する
② 銀行送金証明書を有する
③ 物品の輸出取引の場合，通関書類を有する
④ 対象物がベトナム国外で消費されている

Q6 ５％取引

５％取引について教えてください。

Answer

税率５％取引は，製造あるいは生活に使用される水，農作物の生育，栽培に関するサービス（非課税項目に該当するものを除く），未加工あるいは半加工の農水産物（非課税項目に該当するものを除く）など主に現在のベトナムにおける必需品に適用されます。さらには芸術文化活動又は科学技術に関するサービスに

ついても税率５％が適用されます。

	主な取引	摘　　要
０％取引	・輸出する物品及びサービス ・国際輸送 ・輸出加工区内企業への建設据付 　サービス・輸出以外で０％が適用 　される取引	（例外）　輸出加工企業（EPE）に 　　　　対する従業員送迎サービス
５％取引	主に現在のベトナムにおける必需品	（例）　生鮮食品，医療器具など
非課税取引	付加価値税の性質に合わないもの， 社会的政策配慮から非課税とされた もの	（例） ・医療サービス ・EPE などが外国企業との契約 　で輸出することが決まっている 　製品に対する原材料の輸入
10％取引	上記を除く取引	

Q7　非課税取引と０％取引

非課税取引と０％取引の違いは何ですか。

Answer

　非課税取引は，その取引の性質から付加価値税の課税対象外となったものです。非課税取引については，付加価値税の申告・納税の義務がありません。そのため，該当取引に対応する仕入付加価値税控除やその還付も認められません。

　一方，０％取引は，取引そのものは課税取引ですが，相手先がベトナム国内にないこと，あるいはないとみなされることから０％として取り扱うこととなった取引です。０％取引については通常通り，付加価値税の申告・納税の義務があります。そのため，該当取引に対する仕入付加価値税控除やその還付が認められます。

　非課税取引及び０％取引について問題となるのは，輸出加工企業と国内企業

との取引になります。

　ベトナム国内企業が，輸出加工企業に対して，原材料を販売したと仮定します。この場合，ベトナム国内企業側から取引を見た場合と輸出加工企業から取引を見た場合とでは付加価値税の取扱いが異なります。ベトナム国内企業としては，輸出加工企業への原材料の販売は，輸出加工企業はベトナム国内にないと仮定され０％取引とされます。一方，輸出加工企業としては，ベトナム国内企業からの原材料の仕入は，非課税取引とされます。

（例）

【非課税取引】　売上100（非課税取引），非課税売上に対する課税仕入44（課税仕入額40及びそれに対する付加価値税10％）

　　輸出加工企業がその域外で国内企業からサービスの提供を受け，消費した場合などです。

　　付加価値税法上は，４の仮払付加価値税は還付することはできません。

　　この非課税取引に関連する仮払付加価値税については，固定資産や原材料などの取得原価に含まれます。

【０％課税取引】　売上100（０％取引），０％課税売上に対する課税仕入44（課税仕入額40及びそれに対する付加価値税10％）

　　国内企業が輸出加工企業への部品販売に際し，国内企業から資材を仕入れた場合などです。付加価値税法上は，４の仮払付加価値税は還付手続きにより取り戻すことができます。

Q8 輸出サービスへの10％課税

10％税率で課税される輸出サービスは，どういったもので
しょうか。

Answer

通常，外国企業に対して提供されるサービスは，サービスの輸出取引として，
税率は０％が適用されますが，一方で，外国企業への提供であってもそのサー
ビスが，ベトナムにて消費されていると判断される場合は，税率は10％が適用
されます。

例えば，外国企業が，ベトナム企業にベトナムにて輸出品の製品検査を依頼
し実施した場合，ベトナムの輸出加工区（EPZ）において，ベトナム企業が外
国企業の顧客の受注業務のサポート業務を行っている場合などは，外国企業の
取引であってもそのサービスはベトナムにて消費されていると判断され，10％
の税率が適用されます。

Q9 輸出加工企業に対するサービス

輸出加工企業に対するサービスについて０％付加価値税の適
用の例外はありますか。

Answer

輸出加工企業に提供され，かつ輸出加工企業内で消費された役務だけが０％
の付加価値税率を適用されます。なお，輸出加工企業外で消費され，０％付加
価値税率の適用対象外となる役務には以下が含まれます。

① 住宅，ホテル，倉庫の賃貸

② 輸出加工企業外に建設された従業員宿舎の建設

③ 従業員送迎

Q10 VAT（付加価値税）インボイスの整備及び保管

VAT（付加価値税）インボイスの入手及び保管が大変重要であるとのことですが，その理由を教えてください。

Answer

ベトナムでは，事業者間にて取引を行った場合，VAT（付加価値税）インボイスを入手する必要があります。このVATインボイスは，取引がなされたという事実を証明する正式な書類であり，非常に重要な書類となります。VATインボイス番号については税務当局に登録する必要があり，税務調査の際には，登録されたVATインボイス番号がチェックされます。VATインボイスには，発行元及び住所，税番，金額が記載されなければならず，また，記入に誤りがあった際にも破棄せず保管しなければなりません。さらに，経費の支払い時にVATインボイスを入手した際，発行元の税番や住所等に誤りがあった場合には，仮払付加価値税について仮受付加価値税と相殺することが認められなかったり，法人税法上も通常の会社の経費でさえ損金と認められなかったりする可能性がありますので，入手方法あるいは保管方法には十分注意が必要です。

課税対象者は，輸出を含め全ての課税対象となる供給に対してインボイスを発行しなければなりません。インボイスは，①税額控除方式を適用する納税者の国内取引に対するVATインボイス（VAT Invoice），②直接方式を適用する納税者の国内取引に対する売上インボイス（Sales Invoice）の2つの区分となります。

また，インボイスについては，以前は，紙による発行でしたが，2020年に電子インボイス制度が導入され，2023年1月時点においては，ほぼ全ての企業に

おいて電子インボイスが導入されています。

Q11 付加価値税の申告スケジュール

付加価値税の申告は，月次申告及び確定申告が必要ですか。

Answer

　付加価値税の申告は，原則として月次申告が必要です。年度末の確定申告は不要です。月次申告の提出期限は，翌月20日です。

　なお，直近の暦年１年間の商品販売・サービス提供による売上額が500億ドン以下の企業は，四半期申告制度を適用でき，その場合における申告納税期限は当該四半期の翌月30日です。

Q12 仕入付加価値税の控除要件

仕入付加価値税の控除要件を教えてください。

Answer

　物品の購入あるいはサービスの提供に対する仕入付加価値税を控除するためにはいくつかの要件を満たさなければなりません。まずは，支払の際に受け取ったVATインボイスが正式なものであること，付加価値税の記載内容に漏れ及び誤りがないことが要求されます。VATインボイスの発行元の住所や税番についても誤りがあった場合には控除が認められない可能性があります。また，支払った金額が2,000万VND以上の場合には，実際に支払がされたことを証明しなければならないため，銀行送金により支払を行い，それを証明する書類が必要です。2,000万VND以下の場合には，現金による支払によっても

仕入付加価値税の控除が認められます。

　輸出製品やサービスの輸出のための物品の購入あるいはサービスの提供に対する仕入付加価値税の控除のためには，上記の要件だけではなく，それ以外の輸出に係る各書類が必要になります。

　また，課税対象となる物品又はサービスと課税対象とならない物品又はサービスを生産又は売買する事業者は，物品又はサービスに対して支払った仕入付加価値税について，課税対象及び課税対象外の物品又はサービスのいずれのために用いられたか，別々の勘定で管理しなければなりません。別々の勘定で管理していない場合，控除の対象となる仕入付加価値税は，課税売上と売上合計の比率に基づく割合を用いて計算されることになります。

Q13　仕入付加価値税の還付要件

　設立年度は，一般的に固定資産の購入などにより仕入付加価値税が大きく，控除しきれないケースが多いと思われます。その場合に，還付請求ができますか。

Answer

　新規に設立した企業で，開業から生産開始までに1年超の時間を要する場合には，年度ごとに仕入付加価値税の還付請求をすることができます。

　また，事業者が月中又は四半期中に物品及びサービスを輸出し，当該月の月末時点で控除可能な税額が3億VNDを超えた場合にも，原則としてその時点で仕入付加価値税の還付請求をすることができます。還付は月次又は四半期ごとに行われます。

Column　ハノイの犬

　ハノイは冬になると10度程度まで気温が下がります。多湿のため，体感温度は数度で，東京の寒い冬ほどです。ベトナムでも，この時期になると，ハノイの犬肉鍋のお店には，ベトナム人が多く押し寄せます。ベトナム人の中でも，犬肉が好きな人と全く受け付けない人がいるようです。

　また，1年を通して，市内の市場では，丸焼きにされた犬が売られています。通常観光客が見たとしても，それが犬だとはわからないのではないでしょうか。

第7章　その他の税制に関するQ&A

2 特別消費税

特別消費税の概要について教えてください。

Answer

　特別消費税は，嗜好品に対する課税を目的として特定の物及びサービスの提供に対して課税がされます。嗜好品に対する課税であることから，税率は大変高く設定されています。付加価値税と異なる点は，特別消費税は，生産者から卸業者への物及びサービスの提供時に徴収がなされますが，最終消費者が購入する場合には，特別消費税という名目では徴収されない点です。卸業者はあくまで販売価格に税金相当額を付加して最終消費者に販売するのみです。そのため，納税義務があるのは，特定の物及びサービスの生産者あるいは提供者となります。

　特別消費税の税率は以下の通りです。

物・サービス	税 率（%）
Ⅰ 商 品	
たばこ	75
アルコール	
A　20度以上	65
B　20度未満	35
ビール	65
24席以下の自動車	35〜150
125cc超の2輪あるいは3輪車	20
航空機	30
ヨット	30
ガソリンに混入されるナフサなどの改質のための原料	7〜10
9万BTU（熱量単位）以下のエアコン	10
トランプ	40
奉納された金紙及び奉納物	70
Ⅱ サービス	
ダンスホール	40
マッサージ，カラオケ	30
カジノ＆電子ゲーム（賞金付き）	35
賭博	30
ゴルフ（会員権，プレー料）	20
宝くじ	15

Column　ベトナムの住宅事情

　東南アジアだからといってベトナムのアパートは安く借りられると思われがちですが，そのようなことはありません。ベトナムの物価は年々あがり続けていますし，所得の高いベトナム人や海外からの駐在員もコロナ前においては，増加していた為，アパートの建設が増えていると状況ではありましたが，供給が追い付いていない状況でした。この為，家賃は毎年値上がりが続くという状況でした。一方で，ここ数年は，Covid-19の影響により駐在員も減少した為，借手が少なくなり，新しいアパートも増えているということもあり，家賃の据置や新規に入居する場合の家賃が以前よりも下がっているという状況になっています。

　しかしながら，Covid-19が落ち着いて来た今後の状況を考えますとベトナムは依然として経済発展を続ける状況にある為，家賃については値上り傾向にあるといえるのではないかと思います。

3 外国契約者税

Q15 外国契約者税の概要

外国契約者税の概要について教えてください。

Answer

外国契約者税は，外国の個人（ベトナムの居住者・非居住者に関わらず）あるいは法人が，ベトナムの個人あるいは法人との間で契約を交わし，ベトナム国内にてサービスの提供を行った結果，所得を得たことに対して課税されます。つまり，関税が海外から物品を輸入した場合に課せられるのに対し，外国契約者税はベトナム企業が海外からサービスを輸入した場合に課せられます。

一般的な例としては，以下のようなケースがあります。

① ベトナム企業が工場の建設について，日本にある建設会社と建設契約を締結した

② ベトナム企業が日本の親会社との間で技術支援契約を締結し，技術者の派遣を受けた

③ ベトナム企業が日本の親会社との間でロイヤリティー契約を締結した

④ ベトナム企業が日本の親会社から借入を受けた

①は日本の建設会社が，②から④については日本の親会社がベトナム企業に対しサービスを提供し，対価を受け取ることから外国契約者税が課税されます。

外国契約者税はベトナム特有の税金です。そのため存在を知らずに取引を実

133

施し，その後多額の追徴を課せられる企業も見受けられるため，留意が必要です。

Q16 適用対象者

適用対象者は誰になるでしょうか。

Answer

適用対象者は外国契約者です。外国契約者とは，ベトナムの個人及び内国法人との契約等に基づき，ベトナムで事業を行う又はベトナムで所得を得る外国人及び外国法人を指します。この場合の個人は，ベトナムの居住者であるか否かを問いません。また外国法人も，ベトナムに恒久的施設を有するか否かを問いません。

また，下記のように，実質的にベトナム国内でサービス提供を行っている外国事業者も対象です。

① ベトナムにて商品の販売及びサービスの提供の一部もしくは全てを実施する外国企業（ベトナムにてこれら活動を行うために，ベトナムの会社に委託する場合も含む）が，以下の条件に1つでも該当する場合：

1） 商品の所有権を保持し続けている場合

2） 配送した商品及びサービスの品質に対する責任，配送費用，広告費用，マーケティング費用などを負担する場合

3） 販売価格，サービス料金の決定権限を持つ場合

② 外国契約者が，ベトナム企業もしくは個人を通して契約の締結を行う場合

③ 外国契約者が，ベトナムにおいて商品の輸入，輸出及び配送の権利を有し，輸出もしくはベトナムの業者に販売する場合

④ ベトナムの国内に引き渡す時点まで売り手が責任を負うというインコ

タームズの国際規則の条件に基づいて商品を配達する場合

なお，下記の場合は課税対象外です。

①　外国契約者が，商品の国際輸送のサポートをする場合，保管をする場合，商品の保管目的もしくは他の企業に加工を委託する目的の場合に保税倉庫もしくはIDC（内陸倉庫）を使用する場合

②　外国契約者が，販売者としての責任及び義務として，保証条件契約を含む商品を販売する場合（国境における引渡条件及び他のサービスを含まないという条件を満たす必要あり）

　ただし，外国契約者税は法令の解釈が難しく，想定外の多額の課税を受けるリスクがあるため，不明な点がある場合には専門家に相談の上，慎重に手続きを進める必要があります。

Q17　適用対象取引

適用対象取引を教えてください。

Answer

　適用対象取引は下記の通りです。なお，単なる物品の輸出入は対象ではありませんが，それらに付随したサービス提供がある場合は対象です。この場合，サービスについての定義はなく，役務提供全般と捉えられています。

①　サービスの提供

　　物品の提供を伴うサービスの提供

②　商品の引き渡しをベトナム国内で行う場合の商品の販売

　　据付・性能検証・保証・修繕・交換等のサービスとともに行われる商品の販売

③　輸出・輸入の同時取引（On-the-spot export/import 取引）

　　物品がベトナム国内企業の2社間で直接輸送されるものの，商流として

は一度海外の企業を経由する取引

Q18 計算及び申告納税方法

計算及び申告納税方法を教えてください。

Answer

　外国契約者税は，法人税部分及び付加価値税（VAT）部分から成り立っています。また，計算及び申告納税方法は，原則法（VAS法），直接法，及び折衷法（ハイブリッド法）の３種類が認められています。

　VAS法とは，法人税部分は会計上の所得を基準とした課税所得に法人税の税率を用いて計算を行い，VAT部分は日本の消費税の計算方法とほぼ同様に，売上VATから仕入VATを控除して求める方法です。

　VAS法を採用する場合，サービスを提供する外国契約者がベトナム会計システムを採用している必要があります。ベトナム会計システムを採用することは，ベトナム会計基準に基づいた会計帳簿の作成，ベトナム法人と同様の納税者番号取得，申告納税を行うことを意味し，大変な手間がかかるため一般的に用いられておりません。大多数の外国契約者は直接法により計算，申告及び納税を行っています。

　直接法は，外国契約者が恒久的施設を有さず，自ら申告及び納税ができない場合に採用可能です。直接法を採用する場合，契約金額に対して下記表の法人税及びVATのそれぞれのみなし税率を用い算定します。まず契約締結後，ベトナム側の契約者が20営業日以内に所轄税務当局に契約登録を行います。申告及び納税義務を負うのはベトナム側の契約者です。契約金額を支払う都度，外国契約者税を源泉徴収し，取引後10日以内に申告及び納税を行う必要があります。また，契約満了時は45日以内に確定申告を行い，取引の終了報告及び納税不足分がある場合は納付を行う必要があります。

サービス契約締結　　　　　　　　　　取引後10日以内

契約締結後20営業日以内

税務当局への外国　　　　　　申告及び納税
契約者税の登録

　ハイブリッド法は，法人税部分に関してはVASを適用せず下記表のみなし税率を用いて計算し，VAT部分に関してのみVASを適用する方法です。この方法は，仕入VATが多額に発生する建設プロジェクトなどの場合に利用されています。

　主な課税取引別のみなし税率は以下の通りです。

主な課税取引の種類	みなし付加価値税	みなし法人税
サービスが付随した物品販売：商品，原材料，資材，機械及び設備などの手配（On-the-spot 輸出入取引も含む）	－	1％
サービス，機械設備のリース，保険サービス	5％	5％
建設資材や機械及び設備の提供を伴う建設及び据付	3％	2％
建設資材や機械及び設備の提供を伴わない建設及び据付	5％	2％
その他の製造・運送サービス	2％	2％
証券譲渡	－	0.1％
金融派生商品	－	2％
利息	－	5％
ロイヤリティー	－	10％
商標権	5％	10％

　なお，輸出加工企業（EPE）は付加価値税が免除されているため，法人税のみの課税となります。

　外国契約者のうち，以下の条件を全て満たす者は，外国契約者自身が税金の

申告及び納付を行わなければなりません。

①　ベトナム国内に恒久的施設を有する，あるいはベトナム居住者である

②　契約期間が183日以上

③　外国事業者がベトナム会計システムを採用する

計算方法による違いは以下の通りです。

	原則法（VAS法）	直 接 法	ハイブリッド法
申 告 納 税 義 務 者	外国契約者	ベトナム事業者	外国契約者
納 税 の 方 法	外国契約者が自己申告	ベトナム事業者が契約額から税金分を源泉し申告	ベトナム事業者が契約額から税金分を源泉し申告，又は外国契約者が自己申告
申 告 ・ 納 税 スケジュール	法人税…四半期毎 付加価値税…月次申告	法人税，付加価値税いずれも，契約締結後20日以内に登録，支払発生時にベトナム事業者が源泉して10日以内に納税	法人税…契約締結後20日以内に登録，支払発生時にベトナム事業者が源泉して10日以内に納税 付加価値税…月次申告
税 率	法人税…標準税率20% 付加価値税… 0 ％，5 ％あるいは10%	法人税，付加価値税，いずれも，みなし税率	法人税…みなし税率 付加価値税… 0 ％，5 ％あるいは10%

Q19　外国契約者税の税額計算

外国契約者税の計算の仕方を教えてください。

Answer

　外国契約者税についての税額計算（直接法）の例は以下の通りとなります。

　外国契約者Aはベトナム企業との間で発電所プロジェクトについて契約を締

結しました。契約額は70百万米ドル（税金を除く。）です。

その中には，以下のサービスが含まれます。

① 機械及び装置：50百万米ドル

② デザイン：5百万米ドル

③ 建物及びその他システムの建設及び据付：11百万米ドル

④ 工事の監理：3百万米ドル

⑤ トレーニング：1百万米ドル

上記のサービスの提供に対しては，以下の通り外国契約者税が課税されます（外国契約者Aがベトナム会計システムを採用しないことを前提）。

サービスの内容	金　　額	税法上の取扱い	みなし法人税	みなし付加価値税
機械及び装置	50百万米ドル	サービスが付随する物品の購入	1％	－
デザイン	5百万米ドル	サービス	5％	5％
建物及びその他システムの建設及び据付	11百万米ドル	据付サービス	2％	3％
工事の監理	3百万米ドル	サービス	5％	5％
トレーニング	1百万米ドル	サービス	5％	5％

よって，ベトナム企業は上記業務の内容に基づき，以下の計算になります。みなし法人税（以下，CIT）については，上記金額は税金を控除した後の契約金額としていますので，税金控除前の契約金額を計算し，税率を乗じて計算します。一方，みなし付加価値税（以下，VAT）については，税金控除前の契約金額とCIT税額が課税標準となりますので，更に，VAT控除前の金額を計算し，VAT率を乗じてみなしVATの金額を計算します。

① 機械及び装置の手配

CIT：50,000,000÷(100％－1％)＝50,505,051

50,505,051×1％＝505,051米ドル

VAT：なし

② デザイン／サービス

CIT：$5,000,000 \div (100\% - 5\%) = 5,263,158$

$5,263,158 \times 5\% = 263,158$米ドル

VAT：$\{5,263,158 \div (100\% - 5\%)\} \times 5\% = 277,008$米ドル

③ 建物及びその他システムの建設及び据付

CIT：$11,000,000 \div (100\% - 2\%) = 11,224,490$

$11,224,490 \times 2\% = 224,490$米ドル

VAT：$\{11,224,490 \div (100\% - 3\%)\} \times 3\% = 347,149$米ドル

④ 工事の監理

CIT：$3,000,000 \div (100\% - 5\%) = 3,157,895$

$3,157,895 \times 5\% = 157,895$米ドル

VAT：$\{3,157,895 \div (100\% - 5\%)\} \times 5\% = 166,205$米ドル

⑤ トレーニング

CIT：$1,000,000 \div (100\% - 5\%) = 1,052,632$

$1,052,632 \times 5\% = 52,632$米ドル

VAT：$\{1,052,632 \div (100\% - 5\%)\} \times 5\% = 55,402$米ドル

上記を合計した外国契約者税の合計は2,048,990米ドルとなります。

また，サービスを提供した外国契約者がベトナム会計システムを採用しない場合，外国契約者はみなし付加価値税相当分を納税するのみで，還付あるいは控除により回収することができません。一方，サービスの提供を受けたベトナム企業が外国契約者税を負担した場合，みなし付加価値税相当分が仕入付加価値税に相当するため，売上付加価値税から控除することができます。

すなわち，ベトナム企業は，上記の例では2,048,990米ドルのうちみなしVAT分の合計845,764米ドルについて売上付加価値税から控除することができます。

Q20　外国契約者税に対応するための契約書の作成

外国契約者との契約書の記載内容について，注意することはありますか。

Answer

主な注意事項は下記の通りです。

1　負担関係の明記

外国契約者税は，負担者が外国人又は外国法人であるにもかかわらずベトナム側の契約者による源泉徴収が一般的であるため，契約後に負担関係を巡ってトラブルになる可能性があります。これを防ぐため，契約書において負担関係をあらかじめ明らかにする必要があります。

2　契約書記載金額

契約金額に外国契約者税が含まれるか明記が必要です。明記されていない場合，外国契約者税を含む金額で取引をしていても税務当局から契約金額に同税は含まれていないと判断され，過少申告として指摘されるリスクがあります。

3　サービス内容の明確化及び区分

提供するサービスを明確化し，税率の異なるサービスについては区分して契約書に記載する必要があります。区分記載がない場合，提供サービスのうち最も高い税率が取引全体に課せられます。

日本の親会社からの技術支援で出張者を迎えた場合には，契約書の作成について注意が必要です。日本の親会社からの技術支援サービスの提供に対し，子会社が対価を支払う場合には，外国契約者税としてみなし付加価値税及びみなし法人税が契約額に対し原則として合計10％課されます（直接法の場合）。

一方，出張者については，短期滞在者であったとしても，ベトナムでサービスを提供したことにより所得を得ていることから，原則として個人所得税がベトナム源泉所得に対し一律20％（183日未満のベトナム滞在の場合）課税されます。

　一般的な技術支援のケースとして，親会社から現地子会社へ技術支援としてサービスの提供を行い，現地子会社から親会社へ契約上のサービス額全額を支払い，技術支援のための親会社からの出張者に対しては，親会社が給与の支払を行う例を考えます。

①　親会社Ａがベトナム現地子会社Ｂ社に対し技術支援契約を締結した（契約額は３か月間で10万米ドル）

②　３か月後にベトナム現地子会社Ｂ社が親会社Ａ社に対し，外国契約者税控除後の金額を支払う

③　親会社Ａが派遣した出張者５名に対し，３か月で合計税込６万米ドル相当を給与として日本で支払う

この場合，

ケース１：契約書には10万米ドルの技術支援（10万米ドルの記載のみ）

ケース２：契約書には

a　６万米ドルは出張者に対する親会社Ａ社立替給与であることを明記

b　残り４万米ドルは親会社からの技術支援料と契約書上，内容を分けて記載

ケース１では，ベトナム税務当局は10万米ドルがサービスの対価であると認識し，みなし法人税５％，みなし付加価値税５％が10万米ドルに対し課税されることになります。さらに，課税後の残りの一部の６万米ドルにベトナム非居住者として20％の個人所得税が課せられることになります。

　ケース２の場合には，みなし法人税５％，みなし付加価値税５％が４万米ドルに対し課せられ，残りの６万米ドルに対し，非居住者としての一律20％の個人所得税が課せられることが一般的です。

　上記での税金の総額はケース１では2.2万米ドル，ケース２では1.6万米ドルとなります。この差異は，６万米ドルについてサービスの対価かそれとも日本

側が支払った給与の立替えかによります。

　上記のように，契約書上では出張者の給与相当額と純粋なサービスの提供とを別個に記載することにより税額が異なることがあります。出張者の給与相当額については，親会社から出張者への給与立替払いに対する支払とすることにより，給与相当額に対する外国契約者税が課税されない可能性が高くなります。これらについては，ケースによって事情が異なる場合もありますので，税務の専門家へお問い合わせください。

　外国契約者税に関する調査では，税務当局は契約書を参照しそのサービスの内容から税率を決定することになります。その際，契約の中にいくつかのサービスが混在しているときは注意が必要です。サービスの内容別に契約金額が分離されていないあるいはサービスの内容が明確でないなどの場合には，いくつかのサービスのうち，一番高い税率を全体の契約額に適用するよう指摘されるケースが多々あります。それを避けるためには，上記の通り，サービスごとに契約額を決定し，契約書を別個に作成する，あるいは，１つの契約書の文言について，各サービスの内容及び契約額を明確に分けて記載するなど工夫が必要です。

Q21　下請企業からのサービスの提供に対する外国契約者税

　外国契約者税について，ベトナムの下請企業からサービスの提供を受ける場合に特別な処理はありますか。

Answer

　建設プロジェクトなどでベトナム会計システムを適用しない場合，下請業者から建設物資の購入のみではなくサービスの提供を受ける場合には，元請契約額から下請業者への支払額を控除した額を課税標準とすることができます。この場合には，元請契約において，ベトナム会計システムを適用する下請業者の

契約額を明確にし，下請業者から正式な付加価値税インボイスを発注者に送付し，契約額からの控除額の証明としなければなりません。

例えば，契約額200，ローカル下請業者への支払80の場合，課税標準は，200－80＝120となります。

4 関　　税

Q22　関税の概要

ベトナムの関税制度の概要について教えてください。

Answer

　ベトナムの関税は，原則としてベトナムの国境を通過して輸出入される貨物に対して課されます。また，ベトナム国内であっても，国内市場と保税区である輸出加工区（EPZ：Export Processing Zone）や輸出加工企業（EPE：Export Processing Enterprises）との間の移動においても関税が課されることになります。

　これら輸出加工区内の企業や輸出加工企業との取引については，実質的にベトナム国内ではなく，海外とみなされるためです。

　納税義務者については，主として以下に該当する者になります。

・輸出入貨物の荷主

・輸出入の委託を受けた組織

・国境を通過する場合の所持者や，貨物の発送，受領を行う者

　納税通貨については，原則ベトナムドンになります。

　関税の課税対象外の取引については，以下になります。

　・通過貨物

　・救援物資や無償援助品

　・海外からEPZ・EPE，EPZ・EPEから海外，EPZ内やEPE間での移動

第7章　その他の税制に関するQ&A

Q23　ベトナムの関税率

ベトナムの関税率はどのように調べたらよいでしょうか。

Answer

　ベトナムの関税率の種類として，一般税率，優遇税率，特別優遇税率があります。

　ベトナムの政策により，ベトナムと他国の間で協定を締結する国により税率が異なっています。課税の対象となる品目は，HSコードという国際条約に基づくコード番号を基にして，輸出入品目の分類ごとに関税率が定められています。ベトナムの関税率については，ベトナムの税関のウェブサイトにて確認することができます（Tổng cục Hải quan（customs.gov.vn））。

Q24　BOM（部品表）

BOM（部品表）とは何でしょうか。

Answer

　BOM（Bill Of Material）とは，製品の製造における部品表を意味します。製品毎に，どの部品をどのくらいの量を標準的に使用しているかの一覧表となります。輸出入を行う製造業においては，このBOMを社内で作成し保管する必要があり，また通関時に税関のシステムにおいて，このBOMに基づいて輸入原材料，輸出原材料を登録する必要があります。

　この為，輸出入を行う製造業は，原材料を輸入し，製品を輸出する際に，実際に輸入した原材料と輸出した製品に含まれる実際の原材料相当額がこのBOMと整合しているかどうかが重要になります。

BOMを適切に管理しない場合は，以下のような例の問題が生じる可能性があります。

　ある企業では，1個の製品を作成する際に，BOMでは，100キロの原材料を使用し，10キロが作業屑となり，製品に含まれる原材料を90キロとしています。

　この企業は当期に10個の製品を製造する為に1,000キロの原材料を輸入しました。そして，その期には実際には8個の製品を製造輸出したとします。この場合，BOMに従った理論的な消費量は，8個の製品に対して，800キロを使用し，80キロの作業屑が発生し，製品に含まれる原材料は，720キロになります。また在庫として200キロの原材料が残ります。

　しかしながら，実際にこの会社では製造において，900キロの原材料を使用し，90キロの作業屑が発生し，8個の輸出製品には810キロの原材料が含まれています。また在庫として100キロの原材料が残りました。この状況を表に表すと以下になります。

	BOMに基づいた理論数量	実際数量	差異
輸入量	1,000	1,000	0
払出量	800	900	△100
作業屑	80	90	△10
製品に含まれる原材料量	720	810	△110
在庫量	200	100	△100

　この時に，理論的には，200キロの原材料になりますが，実際には，100キロの原材料しか残っていません。このような状況の場合，税関は，通関後の事後調査（Q25参照）において理論値と実際値の差異について，ベトナムにて消費もしくはベトナム国内へ輸入されたと判断し，付加価値税及び関税及びそれに伴う追徴を課してきます。

　このような状況を避ける為に，企業はBOMの数量を実際の消費に整合するように調整し，税関に登録される理論数量が，実際の数量と一致するように行

う必要があります。また，理論数量と実際数量が相違する場合においては，どのような理由で差異が発生したかについて把握するとともに，その証拠となるデータや資料を準備する必要があります。このような事象が生じている場合は，追加税額が多額になる可能性が高いため，税務の専門家に相談することをお勧めします。

Q25 税関事後調査

税関事後調査とは，どのような制度でしょうか。

Answer

　税関事後調査とは，輸出入の通関をした後に，後日，税関担当者が輸出入者の事業所を訪問し，税関に申告された内容について，書類や在庫の状況を調査することにより事後的に納税額が正しいか確認を行う制度のことです。

　不適切な申告の場合はこれを是正し，輸入者に対して適切な申告指導を行うことにより適切な課税を確保することを目的として実施します。

　主な指摘事項は以下の通りです。

・HSコードの適用誤り

　　HSコードは非常に多岐にわたる為，申告にあたっては慎重な検討が必要です。貨物の使用目的や状況により異なる場合がありますのでご注意ください。

・課税標準額の誤り

　　本来の価格よりも低い価格での申告を行っている場合や，課税標準額の計算にあたりロイヤリティやライセンス料，商標権などの権利を本来ならば含めるべきであるが含めておらず申告漏れとなる場合があります。

・税関に登録されている在庫の理論数量と実在庫数量との不整合

　　前述のQ24 BOM（部品表）に記載されている項目を参照ください。

税関事後調査による指摘を避ける為には，常日頃から適正な申告を行うことや，BOMの適切な見直しが必要になります。疑念が生じた場合は，事前に税関や通関業者，税務の専門家に相談することをお勧めします。

5 税務管理

Q26 税務調査の概要

ベトナムの税務調査の概要について教えてください。

Answer

　ベトナムにおける税務調査は，通常３年から５年に１度と言われています。しかしながら，毎年税務調査を受けている会社，10年近く税務調査がない会社もあります。一般的には，毎年安定的に課税所得が発生し，税金を納税している場合には，税務調査が頻繁に行われるということはないようです。一方で，課税所得が発生したり発生しなかったりと，会社の経営状況が安定していない場合には，頻繁に税務調査が行われているようです。

　ベトナムにおける税務調査は，調査官が誰であるかにより結果が異なっているようです。残念ながら，ベトナムの公務員は日本などと比べて賄賂に関係している場合もあり，税務調査の最終的な結果に影響することもあるようです。

　また，通常は市や省といった地方の税務署が税務調査を実施しますが，最近は地方の税務署が税務調査を適切に行っているかを確認する国家監査人（State Auditor）が直接，企業の税務調査を行う事例が増えています。国家監査人が行う税務調査は比較的短期間で行われ，通常の項目に加え優遇税制などの特定項目を見る場合が多いです。なお，税務調査の決定通知書は国家監査人からは出されず，通知を受けた地方の税務署から出されます。

国家監査人による税務調査は，既に地方の税務署で税務調査が終わった期間も対象となるため，過年度分の指摘項目を受けるなど，納税者にとっては頭を悩ませるものとなる場合があります。

Q27　税務調査の対象となる企業

一般的に頻繁に税務調査の対象となる企業はどのような企業でしょうか。

Answer

頻繁に税務調査の対象となる企業として主に，以下の2つのグループに分けられます。

(1)　税務手続きが法令に準拠していない場合

　1)　申告が不完全及び申告が遅滞していた

　2)　税務債務について不正確な申告をしていた

　3)　頻繁に申告の修正を行っている

　4)　税金の支払が遅れている

(2)　手続きが不規則

　1)　還付可能な付加価値税があるのに，還付手続きを行っていない

　2)　還付可能な付加価値税を切り捨てた

　3)　時系列上所得や税務債務に大きな増減がある

Q28 税務調査手続き

一般的な税務調査の手続きの流れはどのようになっていますか。

Answer

① 税務調査の前に税務調査実施の通知が送られる

② 税務調査は延期の請求をすることができる

③ 税務調査の延期の請求がなければ，15営業日以内に税務調査が始まる

④ 通常は45営業日以内で税務調査が終了するが，最大70営業日まで延長される可能性がある

⑤ 納税者は，調査の議事録発行後5営業日以内にサインをしなければならない

⑥ 議事録発行後，税務調査の決定通知書が発行される

⑦ 決定通知に不服がある場合は，異議申し立てや上位機関への上訴を行うことができる

Q29 税務調査における指摘事項

一般的な税務調査の主な指摘事項について教えてください。

Answer

各税法の詳細については，各税制に関する部分を参照ください。

ここでは，各税法につき主に指摘される部分についてのみ説明します。

1 個人所得税──従業員のベネフィットについての課税可能性

　個人所得税については，各項目が従業員のベネフィットに該当するのか否かが主な問題となります。例えば，会社の社有車を従業員の私用目的で使用する場合などについて問題となります。

2 外国契約者税──サービスの内容に対する意見の相違による税率の違い

　外国契約者税については，そもそも外国契約者税の対象取引であることを認識していないケースがよく見られます。特に，親会社から技術支援を受けている場合など，親会社との間で，契約書の締結さえもされていない場合があります。

　また，外国契約者税について，直接法もしくはハイブリッド法を採用する場合には，サービスごとにみなし税率が法律上決められています。契約書の作成の仕方などにより，税率の認識の違いなど税務当局との間で意見の相違が生じやすいので，税務の専門家などのアドバイスを受けながら契約書の作成をするなど，適切な対応が必要です。

3 法人税──損金項目

⑴ 賞与及び事業に直接関連しない従業員に関連する経費

　労働契約書に記載されている賞与については，法人税法上損金として認められます。一方で，労働契約書あるいは就業規則に賞与について明記がない場合には，法人税法上損金として認められません。社有車を，従業員の私用などのために使用している場合，社有車の減価償却費，ドライバーの人件費について損金として認められるかなどの問題があります。

⑵ グループ間取引（例：マネジメントフィー，間接経費，借入利息）

　特に，親会社との間で，マネジメントフィーを支払っている場合，あるいは，親会社から借入を行っている場合などの親子間取引について，費用の決定方法など，移転価格税制及び外国契約者税に影響することになります。

(3)　請求書の金額を証明する外部証拠が保管・整理されていない

　VATインボイス，契約書，請求書等を紛失した場合など，費用項目について損金に計上できない可能性が高くなります。

4　付加価値税

① 　通常の販売取引以外の商品の交換及び廃棄など（例：試作品，リベート及び値引き等）

② 　VATインボイスが法律上の要件を満たしているか（記載内容に誤りがないかなど）

Q30　税務調査への対応

税務調査への一般的な対処方法を教えてください。

Answer

1　税務調査の通知を受けた時点

1 ）　関係者（社長，親会社など）への報告

2 ）　税務調査を行う理由について税務当局へ問い合わせる

3 ）　税務調査までに必要な資料の作成の時間の調整を行う。また必要に応じて，税務調査の延期を税務当局に申し出る

4 ）　必要に応じて外部のアドバイザーに論点などを相談する

2　税務調査の実施

1 ）　税務調査官からの問い合わせに対応するために適切な担当者をアサインする

2 ）　問題点が提起された場合には，調査官が文書にする前にできるだけ早く解決するよう努力する

3） 税務調査の議事録へのサインを求められた際は，その文書の内容が確認され，経営者により承認されたことを確認したことを意味する。もしそうでなければ，税務調査官により掲げられた問題点について「同意する（acceptance）」のではなく，「認識している（acknowledgement）」としてサインすべきであり，税務調査が最終的に結論付けられる前に至急文書の内容を確認し，必要に応じて反論すべきである

3　税務調査決定通知書が発行された時

1） 税務調査官が提示した税務調査決定通知書の内容を確認し，必要に応じて外部の税務アドバイザーからの意見を聞く

2） 税務調査官の意見に対して反論するための文書の作成をする。必要に応じて，税務調査の結論の期限の延長を申し出る

3） 結論に納得しない場合には，税務調査決定通知書への異議の検討をし，税務総局あるいは財務省に対し裁定の申立てを行う

4） 税務調査の結論の延長が認められなかった場合には，延滞税を避けるために早急に税金を支払うべきである

5） 税務総局又は財務省の裁定に不服の時は裁判所に訴えを起こす

Q31　税務上の罰金等

税務上の罰金を教えてください。

Answer

1　一般的な罰金

1） 不正確な申告に伴う税金債務の不足及びそれに係る納税の遅れ

①　税金債務の不足による納税の遅れ…未納付額について，1日当たり以下の金額が課されます。

2016年 6 月30日よりも前に発生している税金の遅延利息

0.05％（年率約18％）

2016年 7 月 1 日以降に発生している税金の遅延利息

0.03％（年率約11％）

② 　誤った申告…未払金額の最低20％

2 ） 　租税回避に対する罰金…悪質性の程度により租税回避金額の 1 倍から 3 倍

3 ） 　税務管理に対する罰金

① 　企業に対する罰金　 2 億VND以下

② 　個人に対する罰金　 1 億VND以下

2 　移転価格に関して予想される罰金

　ベトナムにおいても日本と同様に，移転価格による追徴課税がなされ，その金額は甚大になります。移転価格については，その内容が法人税のみならず付加価値税にも影響します。よって，一度移転価格について大きな問題が発見されると，その影響は，会社全体に及ぶものと考えられます。現時点で予想される会社への影響は以下の通りです。

1 ） 　罰　　　　金

他の税金と同様です。

2 ） 　調　　　　整

移転価格及び法人税の調整

優遇措置期間の再検討及び調整

付加価値税及び関税の調整

Q32 各税金の申告・納税期限

税金の申告・納税期限を教えてください。

Answer

各税金の申告・納税期限は以下の通りです。

	法 人 税	個人所得税	付加価値税／特別消費税
月 次 申 告	なし	翌月20日	翌月20日(※2)
予 定 申 告	四半期末から30日	なし(※1)	なし
確 定 申 告	年度末から90日	年度末から90日	なし

（※1）　以下に該当する場合は，四半期ごとの予定申告納付が行われる。
　　　①　外国の法人から給与を受け取る個人
　　　②　付加価値税を四半期ごとに申告しており，所得税の源泉徴収額を申告納付する法人
　　　③　付加価値税を月次申告しており，所得税の源泉徴収額が5,000万VND未満の法人
（※2）　四半期ごとの申告（前年度の収益が500億VND以下の事業者について認められる），臨時申告又は推定申告を行う納税者は例外。

Q33 日越租税条約

日越租税条約の概要について教えてください。また，具体的にどのような項目が租税条約の対象となっていますか。

Answer

1　日越租税条約の概要

　現在ベトナムは，60か国以上と租税条約を締結しており，日本もその中に含まれています。日本とベトナムは，「二重課税の回避及び脱税の防止のための

協定」として1995年に租税条約が締結されています。ベトナムが締結している租税条約・協定については，基本的にOECDモデル条約がベースとなっています。

2 現在日本とベトナムとの間で締結されている租税条約の主な項目

(1) 源　泉　税

項　　　目	対居住者	対非居住者	
	国　内　法	国　内　法	日越租税条約
① 配当	−	−	上限10％^{（※）}
② 利子	5％	5％	上限10％（政府機関０％）
③ ロイヤリティー	−	10％	上限10％

（※）　国内法が10％を超える場合に上限10％が適用されます。現在配当はベトナム
　　　の国内法で源泉税が徴収されないため，非居住者も源泉税は０％となります。

(2) 恒久的施設（日越租税協定第５条）

　恒久的施設（PE：Permanent Establishment）とは，継続的に企業が事業を行っている場所や代理人のことをいいます。非居住者及び外国法人に対する課税は，国内源泉所得のみが課税対象とされますが，その支払を受ける非居住者等がPEを有しているかにより，課税関係が異なってきます。以下のような場合，PEを有しているとされます。

　① 管理事務所，支店，事務所，工場，作業場，鉱山，石油又は天然ガスの
　　　坑井，採石場その他天然資源を採取する場所，倉庫

　② 建築工事現場，建設工事等に関連する監督活動について，６か月を超え
　　　る期間存在する場合

　③ 日本の企業がベトナムにおいて使用人その他の職員を通じて役務提供
　　　（コンサルタントの役務提供を含む）を行う場合で，このような活動が単一
　　　の事業又は複数の関連事業について12か月間に合計６か月を超える期間行
　　　われる場合

④　ベトナム国内で，日本企業に代わって行動する者が，日本企業の名において契約を締結する権限を有し，かつ，この権限を常習的に行使している場合

⑤　ベトナム国内で，日本企業に代わって行動する者が，契約締結の権限はないが，ベトナムにおいて日本企業に属する物品又は商品在庫を反復して保有し，かつ，これらの在庫を日本企業に代わって注文に応じ，又は引き渡すこと

①～③に該当する場合であっても，物品又は商品の保管又は展示のみを行う場合や，企業のための準備的又は補助的な活動を行うことを目的としている場合には，PEには該当しません。

(3)　特殊関連企業（日越租税協定第9条）

移転価格税制に関する規定で，関連会社間取引は，独立企業間との取引条件によらなければならないことが規定されています。

(4)　短期滞在者に対する人的役務所得（日越租税協定第15条）

給与収入については，実際の勤務が行われている国でのみ課税されます。しかし，日本からベトナムに出張する場合等において，以下の3つの要件を満たす場合は，ベトナム側では課税されません。尚，この規定の適用を受けるためには，税務当局への届出が必要となります。

＊　課税年度における滞在日数が183日を超えないこと

＊　報酬が日本の雇用者等より支払われること

＊　報酬がベトナム国内にあるPE等により負担されないこと

(5)　役員報酬にかかる課税（日越租税協定第16条）

給与等に関しては，原則勤務が行われていない国では，税金は課税されないこととされています。しかし，日本側の法人の役員がベトナムに居住者として駐在する場合で，日本の会社から役員としての報酬を得ている場合には，日本側でも課税されます。また逆に，ベトナムにある現地法人の役員が日本に居住者として居住している場合も，ベトナムの現地法人から役員報酬を得ている場合には，ベトナム側でも課税されます。

Column　北　と　南

　ベトナムの地図を見るとわかりますが，日本と同様，北から南に細長い形をしています。日本の北海道と沖縄では気候などに大きな違いがにあるのと同様に，ハノイとホーチミンでは気候が全く違います。ハノイは，5月ごろには40度前後になることもありますが，1月には数度の時もあり，四季があると言われています。一部には，ホーチミンにも四季があるというベトナム人もいますが，1年を通じて気温は30度前後になります。

　また，気候だけではなくハノイとホーチミンではベトナム人の気質も異なります。一般的には，何事に対してもおおらか（あるいは大雑把）なホーチミンに対し，ハノイの人は堅実だと言われています。

第8章

会計制度に関するQ&A

● Point ●

外国企業がベトナムに会社を設立する際，原則として会社は年に1度，ベトナム会計システムに基づく財務諸表を作成し，独立の監査人による監査を受け，監査済財務諸表を管轄機関に提出しなければなりません。

現行のベトナム会計基準は，国際財務報告基準をベースに作られています。しかし，一部には特徴的なものが見られます。その一例としては土地の使用に関する処理があります。ベトナムにおいて土地は全人民が所有し国が管理しており，外国企業はその使用が許可されているにすぎません。そのため，土地使用に関する会計処理には特徴的なものが見られます。

また，現行のベトナム会計基準と国際財務報告基準を比較すると，減損会計，金融商品会計に関する会計基準など，未発効のものもあります。

そのため，この章では，ベトナムにおける会計の概要と共に，一部のベトナム特有の会計処理あるいは日本親会社との連結上問題となる点についてまとめています。

なお，本章はベトナムの会計制度に関する主要項目の解説及び日本の会計基準や国際財務報告基準との主要な相違について重点的に記載したもので，会計制度に関する全てを網羅的に記載したものではありません。

Q1 ベトナムの会計制度

ベトナムの会計制度に特徴はありますか。

Answer

ベトナム企業においては，ベトナム会計基準（VAS：Vietnam Accounting Standards）を適用して会計処理を行う必要があり，その特徴は以下の通りです。

① 全ての会計主体はベトナム財務省が提供する勘定コード表（Chart of account）に従い，同一の勘定科目とそれに対応する勘定コードを使用しなければなりません。

② 会社の会計処理方法等に一定の修正が必要な場合（（例）決算期末が12月末以外の場合，初年度が3か月以内のため初年度の監査を行わない場合など）には財務省への登録が必要です。

③ 会計帳簿や財務諸表はベトナム語表記が必要です。

④ 輸出など外貨による取引が多い企業は，記帳通貨として外貨を使用することも認められます。しかし，財務諸表報告時には，外貨で作成した財務諸表をベトナムドンにて換算替えし，適用した為替レートと換算の正確性については，独立の監査人から監査を受けなければなりません。

Column 会計ソフトウェア

勘定コード表，財務諸表及び会計帳簿のベトナム語表記など，企業はベトナム会計システムに従って会計帳簿・財務諸表の作成をしなければなりません。そのため，これらの条件を満たすような会計ソフトウェアがベトナムで販売されています。会計帳簿及び試算表に関しては，ベトナム語だけでなく，英語併記が可能なものが多く，一部には日本語が併記されているものもあります。金額的には，日本円で数万円程度のものから百万円以上するものがあります。また，日本のシステムをカスタマイズして使っている会社もあります。

Q2　会計主任（チーフアカウンタント）

　会社にベトナム財務省が認める会計主任（チーフアカウンタント）を置かなければならないというのは，本当でしょうか。

Answer

　会計法により，法人には，原則として経理責任者として財務省が認めるチーフアカウンタントの資格を有する者を置かなければなりません。チーフアカウンタントの資格取得のためには，チーフアカウンタント資格取得コースのある大学や専門学校などに通い，修了時に試験に通らなければなりません。また，実務経験も一定期間必要です。

　チーフアカウンタントについて財務省に登録する必要はありませんが，外国人がチーフアカウンタントになるためには，チーフアカウンタントとしてのトレーニングとベトナム政府において認められた国際的な会計専門家としての資格証明が要求されており，大変難しくなっています。

　現在ベトナムには，日系企業をはじめ多くの外国企業の進出が目立っていますが，優秀なチーフアカウンタントは不足しています。チーフアカウンタントの資格を目指す人は増えていますが，実務経験の浅いチーフアカウンタントも増えています。実務経験を十分に積んだチーフアカウンタントの採用が困難な結果，ローカルの会計事務所に記帳業務を外注している会社があるなど，多くの会社では，チーフアカウンタントの採用に苦しんでいるようです。現在チーフアカウンタントの資格を有し，実務経験及び語学能力を有するベトナム人の報酬は高くなっています。

優秀なチーフアカウンタントの不足が続いており，一部のチーフアカウンタントの給与は高額となっています。時には，上席者よりも入社したてのチーフアカウンタントの方が給与の高くなるケースもあるそうです。また，最近進出する日系企業からは，日本語も話せるチーフアカウンタントの要望がよくありますが，そのような人材は非常に限られます。

最近では，チーフアカウンタントのレベルにも大きな差が生じており，実際は，会計処理が全くわからない，税務申告書を見たことがないというチーフアカウンタントも多くいるようです。

Q3　ベトナム公認会計士制度

ベトナムに公認会計士制度はありますか。

Answer

ベトナムに進出している外国企業は，原則として1会計年度ごとに，ベトナムで認められた会計監査人による監査を受ける必要があります。ベトナムの法定監査上，監査報告書にサインができるのは，ベトナム公認会計士の資格を有する者に限られます。そのため，会計事務所の監査部門で働いているスタッフの多くは，ベトナム公認会計士のライセンスを保有しています。また，大手の会計事務所では，ベトナム公認会計士の資格ではなく，オーストラリアあるいは英国の公認会計士のライセンス保有者も多数見られます。これは，ベトナム国内にて，オーストラリア及び英国の公認会計士の資格のための講座が開設され，かつ試験も受験できることが影響していると思われます。

公認会計士のライセンス取得は，近年のベトナムにおいて，特に女性の進出が目覚ましい分野の1つであり，日本とは異なり，多くの会計事務所では半数

以上が女性です。

　現在，ベトナムでは公認会計士が長期的に不足しているため，多くの会計事務所ではベトナム公認会計士あるいは外国公認会計士（通常はオーストラリアあるいは英国の公認会計士）の資格取得のための費用を全額負担するなど，人材採用の強化及び人材流出の防止に努めています。

Q4　勘定コード表の使用

ベトナムで会計帳簿を作成する際に，何か制限はありますか。

Answer

　ベトナム会計法によると，全ての会計主体は勘定コード表（Chart of account）を使用しなければなりません。それによると，全ての企業は，財務省が提供する勘定コード表に従い，同一の勘定科目とそれに対応する勘定コードを使用しなければなりません。この勘定コード表を各企業に使用させることにより，業種の異なる企業間の比較をすることを目的としているようです。一方で，業種が異なる企業の事情に対応していないと言われています。

　勘定コード表では，ベトナムの会計システム上，大科目及び中科目については勘定コードと勘定科目が決められていますが，それ以下のサブコードについては，法律による決まりがありません。そのため，システム上，サブコードを用いて親会社の連結上あるいは管理上の目的に有用な試算表や決算書を集計するケースが多く見られます。

　現行の勘定コード表（抜粋）は以下の通りです。

CODE	TITLE
TYPE 1 : CURRENT ASSETS	
111	Cash
112	Cash in banks
113	Cash in transit
121	Trading securities
128	Held to maturity investments
131	Trade receivables
133	Deductible VAT
136	Intra-company receivables
138	Other receivables
141	Advances
151	Purchased goods in transit
152	Raw materials
153	Tools and supplies
154	Work-in-progress expenses
155	Finished goods
156	Mercantile goods
157	Outward goods on consignment
158	Goods in bonded warehouse
161	Non-business expenditures
171	Government bonds purchased for resale
TYPE 2 : FIXED ASSETS	
211	Tangible fixed assets
212	Finance-lease fixed assets
213	Intangible fixed assets
214	Depreciation of fixed assets
217	Investment real property
221	Investment in subsidiaries
222	Investments in joint ventures and associates

166

228	Other investments
229	Allowance for any asset impairment
241	Capital construction in progress
242	Prepaid expenses
243	Deferred tax assets
244	Mortgage, collaterals and deposits

TYPE 3 : LIABILITIES

331	Accounts payable to sellers
333	Taxes and charges payable to the State Budget
334	Payables to employees
335	Accrued expenses
336	Intra-company payables
337	Construction progress-based billings
338	Other payables
341	Borrowings and finance lease liabilities
343	Issued bonds
344	Deposit received
347	Deferred tax liabilities
352	Provisions
353	Bonus and welfare fund
356	Science and technology development fund
357	Price stabilization fund

TYPE 4 : OWNER'S EQUITY

411	Invested chapital
412	Differences upon asset revaluation
413	Exchange rate differences
414	Investment and development fund
417	Enterprise reorganization assistance fund
418	Other equity funds

419	Treasury stocks
421	Undistributed profit after tax
441	Capital construction investment funds
461	Non-business funds
466	Non-business funds used for fixed asset acquisitions

TYPE 5 : REVENUE	
511	Revenue gained from sale of goods and provision of services
515	Revenue gained from financial transactions
521	Revenue deductions

TYPE 6 : COST OF PRODUCTION AND BUSINESS	
611	Purchases
621	Direct raw material costs
622	Direct labor costs
623	Costs of construction machinery
627	Production overheads
631	Production costs
632	Cost of goods sold
635	Financial expenses
641	Selling expenses
642	General administrative expenses

TYPE 7 : OTHER INCOME	
711	Other income

TYPE 8 : OTHER EXPENSES	
811	Other expenses
821	Corporate income tax expenses

TYPE 9 : IDENTIFY THE OPERATING RESULT	
911	Determination of business outcomes

財務諸表は，ベトナムドン通貨による作成が強制されますか。

Answer

　ベトナム会計法及びベトナム会計基準第10号（外貨換算レートの変化に対する影響）によると，企業は原則としてベトナムドンを記帳通貨としなければなりません。

　ベトナムドン以外の外国通貨を使用する場合は，条件としてその企業が主としてその外国通貨にて取引を行っている場合に認められます。この取引という意味は，販売に関する取引のみではなく，購買取引，販売費及び一般管理費も含めた企業全体の取引について，主としてその外国通貨を使用している場合に限られます。ベトナム会計基準においては「主に」という文言を使用しており，具体的に外国通貨の使用割合は明示されていません。実際に外貨を記帳通貨として使用する場合は専門家に相談するなど慎重な検討が必要です。外貨を記帳通貨として使用する場合は，財務省からの許可を受ける必要はなく，所轄税務当局に通知を行うことにより認められます。財務諸表を関連当局に提出する際には，外貨で作成した財務諸表をベトナムドンに換算替えし，適用した為替レートと換算の正確性については，監査人から監査を受けなければなりません。

Column　細則施行の開始

　ベトナムの場合，ハノイとホーチミンの2都市を除くと細則や実務指針の通達が遅れることがしばしばあります。ここで，「遅れる」というのは，日本人がイメージするような数日間ではなく，数か月に及ぶ場合がほとんどです。そのため，細則や実務指針の改正は，ベトナム式に言うと数か月から1年近くは周知徹底されていないと理解すべきで，事前に所轄当局に手続きを確認する必要があると思われます。

Q6 決算期末の12月末適用

決算期末は，12月末が強制されますか。

Answer

原則は12月末ですが，会計法により，3月，6月及び9月末日も決算期末とすることが認められます。12月末以外の決算月を採用する場合は，事前に財務省に登録する必要があります。

最近，ベトナムにある日系企業の子会社が，その親会社の連結上重要性が増してきたことから，決算月を12月末から親会社の決算月と同じ3月末に変更するケースがいくつか見られます。

Q7 監査対象会社

監査対象となる会社とはどういう会社ですか。

Answer

現行法上，外国企業（外資が出資している会社全て），ベトナム上場企業，保険会社，金融機関（支店も含む）及び国営企業が監査の対象会社となっています。

Q8　年次財務諸表の提出

監査済財務諸表の提出期限はいつですか。

Answer

　ベトナムに進出している外国企業は，期末日から90日以内に独立の監査人による監査を受け，監査済財務諸表を投資登録証明書の発行機関や税務当局等に対し，提出しなければなりません。

　日系企業以外の外国企業は12月決算会社がほとんどのため，12月末決算会社に対応する監査法人の繁忙期は１月から３月となります。そのため，監査契約時期が遅くなると，希望する時期に監査を受けられない可能性がありますので注意が必要です。

Q9　外部監査の適用時期

営業活動前の初年度にも外部の監査を受ける必要がありますか。

Answer

　外国から投資を受けている企業は，原則として１年に１度独立の会計監査人により会計監査を受けなければなりません。ベトナムの会計法上，初年度の期間が３か月未満で，翌年度の12か月と合計して15か月までの場合は，初年度と翌年度とを合算した最長15か月を対象として監査を受けることができます。この場合は，事前に初年度の会計期間を財務省に届ける必要があります。これは，会社設立後まもない初年度は，設立準備のみが行われ，事業活動が実質的に行われていないことから，最初の３か月を限度としてその期間を翌年度と合算し

たとしても大きな差異はないという趣旨から認められています。

Q10　ベトナム会計基準（VAS）

現在発効されているベトナム会計基準には，どのようなものがありますか。

Answer

2023年1月末時点で発効されているベトナム会計基準（VAS）は以下の通りです。

基準1：一般基準

基準2：棚卸資産

基準3：有形固定資産

基準4：無形固定資産

基準5：不動産投資

基準6：リース

基準7：関係会社投資（持分法）

基準8：合弁企業の資本拠出に関する財務情報

基準10：外国為替レートの変動の影響

基準11：企業結合

基準14：収益及びその他

基準15：工事契約

基準16：借入コスト

基準17：法人税

基準18：引当金，偶発債務及び偶発資産

基準19：保険契約

基準21：財務報告

基準22：銀行及びその他金融機関の財務諸表における開示

基準23：後発事象

基準24：キャッシュフロー計算書

基準25：連結財務諸表及び子会社投資

基準26：関連当事者

基準27：中間財務諸表

基準28：セグメント情報

基準29：会計方針の変更，会計の見積及び誤りの修正

基準30：1株当たり利益

なお，国際財務報告基準（IFRS）や日本基準で認められている減損会計，金融商品会計などについては現在も未発効となっています。現行会計基準がない場合，あるいは，会計基準の取扱いについて不明な場合には，財務省への文書による問い合わせを行い，問題解決することが通例となっています。

Column　問い合わせへの政府の対応

　実際にあった話ですが，会社からの依頼で，財務省に文書での問い合わせを行ったところ，一般の会計の知識のある方なら誰でもわかるような質問に対し，誤った回答がなされたケースがあります。文書での修正の回答はされず，口頭により間違いを認める場合もあります。このように，政府の対応が必ずしも正しいとは限らないため，文書により回答があった場合でも慎重に対応する必要があります。

Q11 ベトナム会計基準と国際財務報告基準との差異

ベトナム会計基準と国際財務報告基準との主な差異を教えてください。

Answer

ベトナム会計基準（VAS）と国際財務報告基準（IFRS）との主な差異は以下の通りです。

基準番号(IFRS-VAS)	項　　目	差異内容
IAS 1 – VAS 21	財務諸表の表示	ベトナム会計システム上，勘定コード表（chart of account）及びベトナム会計基準に規定されている財務諸表のフォーマットを使用することが求められています。
IAS 12 – VAS 17	法人所得税	のれんや合併に関する一時差異について，ベトナム会計基準は規定していません。
IAS 36 – VAS	資産の減損会計	ベトナム会計基準未発効。ベトナム政府に個別の処理の許可を得ることにより，減損が認められる場合もあります。
IFRS 3 – VAS 11	企業結合	のれんについては，原則として10年以内で償却を行います（減損処理は認められていません）。
IAS 39	金融商品会計	ベトナム会計基準未発効
IAS 19	従業員給付	ベトナム会計基準未発効
IFRS 16	リース会計	オペレーティングリース取引については，貸借対照表に計上されず，注記にて開示されます。

Q12 国際財務報告基準(IFRS)への移行とVASの改正

国際財務報告基準（IFRS）への移行やベトナム会計基準の改正状況はどのような状況になっていますでしょうか。

Answer

　ベトナムは，現在ベトナム会計基準（VAS：Vietnam Accounting Standards）を採用していますが，経済発展による国際市場での地位の向上を目的として，IFRSへの移行や，現在のVASを，よりIFRSに近づけたVFRS（Vietnam financial reporting standards）への改正を検討しています。

　これら会計基準への移行についてベトナム政府は，2020年3月にロードマップを公表しています。

　このロードマップによりますと，IFRSについては，2021年までを導入までの準備期間として，IFRSのベトナム語への翻訳，税務との調整などを行い，2022年から2025年については，任意適用期間としています。その後，2026年以降については，上場企業等の一定の会社は強制適用としています。

　一方，VFRSについては，現行のVASを改正したものであるため，2024年までを準備期間とし，2025年以降は，ベトナムの全ての企業（IFRS適用企業又は零細企業向けの会計基準を適用する会社を除く）は，適用する必要があります。

　これらの会計基準への移行については，移行前と移行後の会計基準の差異を把握するとともに，業務フローの変更やシステムの変更などが必要な場合もあります。今後，どのような対応を行うか専門家に相談するなどの検討をする必要があります。

Q13 棚卸資産の評価方法

棚卸資産の評価方法について，特徴的なものはありますか。

Answer

ベトナム会計基準では，期末棚卸資産の払出単価の評価方法について，以下の3つが認められています。

① 個別法

② 移動平均法

③ 先入先出法

また，棚卸資産の評価額が取得原価を下回った場合には，評価損を計上する必要があります。

Q14 有形固定資産の減価償却

固定資産の償却方法について，特徴的なものはありますか。

Answer

ベトナム会計基準第3号（形固定資産）では，固定資産を以下の4つを満たしたものと定義しています。

① 当該資産に関連して，将来の経済的便益が企業にもたらされる可能性が高い

② 資産のコストが測定可能である

③ 見積られた耐用年数が1年以上である

④ 現行規定の基準を満たしている

また，固定資産の償却方法としては以下の3つが認められています。

① 定額法

② 定率法

③ 生産高比例法

ベトナム法人税法上も，上記の３つの償却方法を認めています。

Q15　引当金の処理

引当金（貸倒，賞与，退職給付など）の処理について教えてください。

Answer

ベトナム会計基準第18号は，引当金及び偶発資産及び債務について規定しています。規定内容は国際財務報告基準とほぼ同一で，特にベトナム特有の処理を求めている重要なものはありません。しかしながら，ベトナムの会計実務上，ベトナムの税法あるいは法律に基づいて処理を行う方法が一般的です。

1　貸倒引当金

貸倒引当金については，税法上の規定が設けられているため，実務的には会計上も税法をベースに貸倒引当金を計算し，計上しているケースがほとんどです。一方で，現在でも信用取引を行っていない会社も多く見られます。税法上の取扱いについては，法人税法の項目を参照してください。

2　賞与引当金

賞与引当金については，12月決算会社の場合，１月末あるいは２月初めのテト（ベトナム旧正月）前に慣例上支払われるテトボーナスを未払賞与として賞与引当金に計上するケースがほとんどです。法人税法上，賞与については，労働契約書あるいは就業規則（給与規定）などに明記があり，かつ，法人税法の確

定申告期限（12月決算会社の場合は3月末）までに実際に支払が行われる場合には，未払賞与分について，税法上損金に計上することが可能です。

3　退職給付引当金

　退職給付引当金については，2009年からの社会保険制度の改正により2009年より前と2009年以降とでは大きく取扱いが異なります。2008年までは，労働法上2年以上勤務した従業員に対し，退職金相当額を支払わなければなりませんでした。この場合の最低額は，2年の勤務期間に対し，基本給1か月の支給が求められていました。そのため，会計上，会社はそれに見合う金額を退職給付引当金として引当計上しなければなりませんでした。

　2009年の社会保険制度の改正に伴い，会社は，従業員の退職（あるいは失業）にかかる保険料について，ベトナム政府に支払わなければならなくなりました。一方，会社は2009年1月以降の勤務期間にかかる退職金相当額について従業員に支払う必要はなくなりました。

　2009年1月1日以降，失業保険に加入していた労働者が労働契約を終了もしくは失業した場合は，2009年1月1日より前の勤務期間に対する退職・失業手当を企業から，2009年1月以降の勤務期間については政府（失業保険基金）から受けることとなりました。そのため，会計上は，退職給付引当金は2008年末までの勤務期間分のみが計上されています。それ以降は，毎月の失業保険料の支払額を費用として計上するのみです。2008年までの退職金相当額については，基本給などの変更があった場合，新しい基本給をベースに退職金相当額を再計算しなければなりません。

Q16 土地使用権の処理

土地使用権の処理方法について教えてください。

Answer

　ベトナムにおいて土地は国有財産です。そのためベトナムの企業は，ベトナム政府から土地の使用を許可された場合のみ，その使用が認められます。日系企業が一般的に進出している工業団地の場合には，各外国企業がベトナム政府から土地の使用を許可されたのではなく，ベトナム政府が土地の使用を許可した工業団地の管理会社から土地の使用をサブリースしたということになります。そのためこれを厳密に解釈すると，工業団地から一画をリースしている各外国企業は，土地使用権という無形の資産を有しているわけではなく，土地のサブリースを受けているにすぎません。

　また各企業は，契約時にリース期間満期までのリース料を前払いすることが一般的に求められます。この為，リース料として一括して前払いを行った場合の金額は，会計上無形固定資産に土地使用権として計上するのではなく，賃料の前払いを行ったとして長期前払賃借料に計上し，リース期間に応じて償却することになります。

Q17 ゴルフ会員権の処理

ゴルフ会員権の会計処理方法について教えてください。

Answer

　ベトナムのゴルフ運営会社は，ベトナム政府から期限付きで土地の使用を許可され，それに基づいて投資登録証明書を受け取っています。そのため，ゴル

フ場の経営も投資登録証明書に基づいた期限があります。ゴルフ会員権の保有者のゴルフ場の使用期限は，会員権の契約書に明示がなければ，ゴルフ運営会社の投資登録証明書に付与された期間となります。

　貸借対照表上，ゴルフ会員権は投資として取り扱われます。また，使用期間が有限であるため，その使用期間にわたって償却します。法人がゴルフ会員権を取得する場合，償却期間は会員権の契約書に明記された場合を除き，ゴルフ会員権の発行会社の投資登録証明書残存期間と会員権を取得した法人の投資登録証明書残存期間のうち，短い方をもって償却期間とします。ゴルフ会員権の償却費については，ゴルフ会員権の利用が会社の業務に直接関連するものではないため，法人税法上は原則として損金として認められません。

Column　ベトナムのゴルフ場

　ハノイ・ホーチミン近郊には，それぞれ今では10か所以上のゴルフ場があります。以前は，外国人専用とでも言われるほどベトナム人のゴルファーは見られませんでしたが，ベトナムの経済発展に伴いベトナム人ゴルファーが増えています。今では，ベトナムの富裕層が，ゴルフ場でその多数を占めるまでになっています。会員権の相場も上がっており，一部には，新規会員の募集を取り止めている人気コースもあります。

Q18　税効果会計

ベトナムでは，税効果会計は導入されていますか。

Answer

　ベトナム会計基準第17号（法人税）に基づき税効果会計が導入されています。ベトナム特有の処理というのは特に見られません。

Q19 外貨建債権債務の評価

外貨建債権債務の期末評価について，会計及び税務の取扱いについて教えてください。

Answer

期末時に外貨建債権債務を保有している場合，期末時の為替レートを用いて換算する必要があります。期末時の為替レートで換算替えを行った場合，その差額である為替差損益については，会計上，その期の損益として認識する必要があります。為替レートについては，通常企業が取引を行っている商業銀行の為替レートを使用し，外貨建の貨幣性債権（預金，売掛金等）については購入レート（TTB)，外貨建ての貨幣性債務（買掛金，借入金等）については，売却レート（TTS)を使用します。

税務上の取り扱いについては，外貨建債権の再評価による未実現損益は日本と同様，その期の税務上損金あるいは益金として認められません。しかし，外貨建債務の再評価による未実現損益については，税務上損金又は益金として認められます。

Q20 資産除去債務

日本の親会社との連結上の資産除去債務の取扱いについて特徴的なことはありますか。

Answer

ベトナムでは，製造業をはじめとして，政府から投資の許可を受け，投資登録証明書を取得した後に工場の建設を行うことになります。一方で，工業団地

から土地の使用許可を受けることを前提に政府から投資許可を受けることとなります。投資許可はおおよそ50年ほどで，それ以降は投資許可の延長の申請を行うか清算を行うことになります。工業団地に位置する会社は，清算の際は原則として工場などを取り壊し，土地を整地したうえで，工業団地に返却するということになります。

　上記のケースの場合を含め，日本の資産除去債務会計あるいはベトナム会計基準あるいは国際財務報告基準においてその取扱いをどのようにすべきかが問題となっています。しかし，資産除去債務を計上していない会社も多く見られます。それは，投資許可は将来的には満期を迎えますが，多くのベトナム進出企業は，投資許可の更新及び土地使用の延長を予定しており，また，土地の賃借契約書上「土地使用が終了した時点でその土地を元の状態に戻さなければいけない」という記載がないなど，近い将来に工場を取り壊し，土地を整地し，工業団地に返却するという可能性が低いのが一般的であるためです。

　その結果，土地賃借契約において，退去時における原状回復に係る債務を有しているか明確ではなく，また有していても，当該債務に関連する賃借資産の使用期間の予測が困難であり，将来工場を移転する予定もないことから，資産除去債務を合理的に見積ることができないということになります。このような見解からベトナム会計基準上，資産除去債務を認識していない会社もあります。

Q21　財務諸表の表示

財務諸表の内容及び表示について特徴的なものはありますか。

Answer

　ベトナム会計法上，企業は財務諸表つまり貸借対照表，損益計算書，キャッシュフロー計算書及び財務諸表注記をベトナムの勘定コード表に従って作成しなければなりません。

また，ベトナムの会計基準に従った財務諸表の表示上，特徴的なものもあります。それは，損益計算書です。ベトナム会計基準第21号（財務諸表の表示）には損益計算書の最低限の表示項目が挙げられています。

① （総）売上高

② 控除項目

③ （純）売上高

④ 売上原価

⑤ 売上総利益

⑥ 財務活動による収益

⑦ 財務活動による費用

⑧ 販売費

⑨ 一般管理費

⑩ その他収益

⑪ その他費用

⑫ 関連会社及びジョイントベンチャーからの持分法損益

⑬ 営業利益

⑭ 法人税

⑮ 税引後利益（純利益）

⑯ 税引後少数株主損益

⑰ 当期純損益

　上記の並びを見ると，財務活動により稼得された収益及び費用が販売費及び一般管理費よりも上に位置し，財務損益を考慮した後のものが営業利益となるなどの特徴があります。

Q22 日本の親会社とベトナム子会社との連結

日本基準「連結財務諸表作成における在外子会社の会計処理に関する当面の取扱い」（企業会計基準委員会実務対応報告第18号）」について日本の親会社への適用は容易でしょうか。

Answer

　ベトナムでは，原則としてベトナム会計基準に基づく財務諸表の作成が要求されます。またベトナムの会計基準は，多くを国際財務報告基準ベースにしているものの会計基準が未だに発効されていないあるいは差異があるものが一部見られます。そのため，親会社と連結する際，ベトナム会計基準に基づいた財務諸表に一部の修正を加えて国際財務報告基準に基づいた財務諸表を作成し，それと親会社の財務諸表とを連結するケースがほとんどです。

　未導入の主な会計基準には，減損会計・金融商品会計・従業員給付会計があります。

　また，未導入の会計基準以外の導入済みの会計基準においても会計処理において差異がある場合があり，主な差異として以下の項目があります。

① 無形固定資産は会計基準により決められた期間で償却される（のれん10年）。減損処理は原則として認められない

② 創立費の繰延べが認められる

③ 長期前払費用の適用範囲が広く，日本基準では認められない項目も含んでいる場合がある

④ リース基準は適用されているが，IFRS 16号は未適用である為，オンバランス処理される範囲が異なる。

Q23 帳簿保存期間

会計帳簿の保存期間について教えてください。

Answer

　ベトナム会計法によると，会計の数値の作成に直接関係する会社の管理及び業務に必要な文書については，最低５年間です。財務諸表や会計の数値の作成に直接関係する会計データ，請求書及び領収書などについては，最低10年間の保存が必要です。

Column　タクシーと配車アプリ

　ハノイやホーチミンの市内では，多くのタクシーが営業をしています。どちらの都市でも，大手のタクシー会社が数社あり，一般的にその会社を利用すれば多額のぼったくりにはあわないと言われています。以前は，タクシーメーターが通常よりも早く金額が上がるといったような改造をしたり，遠回りをしたりするような状況でした。ベトナムの大都市では，一方通行も多く，一度間違えると大きく迂回をせざるを得ない場合もあり，タクシー代も時間も大きくロスをするといったことが日常でした。しかしながら，最近は配車アプリにより車の手配ができるようになり，このような状況は大きく改善されました。配車アプリは，大手のグローバル企業やベトナムの地場の企業のものまで複数あり，乗車前に距離や混雑状況により金額が事前に決まっているため，ぼったくりの被害もなく，アプリでルートも確認することができます。この配車アプリの隆盛により，タクシー会社の運営の状況も改善され，ぼったくりや遠回りが減少し，運賃の低下にも繋がりました。このように，ベトナムの交通手段の利用状況は良くなってきています。ちなみに，配車アプリは事前の登録だけ外国人も利用することができますし，車だけではなく，バイクもあります。是非，ベトナムに行ってみた際には利用してみてはいかがでしょうか。

第**9**章

その他Q&A

━● Point ●━

　　ASEANの中でも若年人口が多く安定的な労働力の供給が可能とされ
有望な投資先と注目されるベトナムですが，労務においては外国企業に
とって不慣れな法制度が多く留意すべき点があります。本章では労務に
関するポイントをまとめています。

労働法において，雇用者が留意すべき点を教えてください。

Answer

2019年に労働法の改正があり，2021年1月1日からLaw No.45／2019／QH 14（以下「改正労働法」）が施行されています。本章においても，当該改正労働法の内容に基づき説明を致します。

改正労働法において，雇用者は，直接，又は職業紹介組織，労働派遣企業を通じて被雇用者を採用し，生産，経営の必要に応じて被雇用者の人数を増減する権利を有することができますが，以下の点に留意が必要です。

① 被雇用者と労働契約を締結する。

② 地方の労働に関わる国家管理機関に対して，被雇用者の使用について事業を開始した日から30日以内に届出を行う。また事業の過程で生じた労働に関わる変化の状況を報告する。

③ 労働法，社会保険法及び医療保険法等で定められた規定を順守する。

④ 10名以上の被雇用者を使用する雇用者は，文書による就業規則を作成し，労働に関わる省レベル国家管理機関に登録する

⑤ 雇用者は管理職，技術職，専門職，一般職に従事する労働者に対する賃金表，等級別賃金表を設定する。通常の労働条件で最も基本的な業務を行う労働者の最低賃金は，政府が定める地域別最低賃金を下回ってはならない。また，職業訓練を受けた職務もしくは職位（雇用者により訓練された労働者を含む）の最低賃金は，政府が定めた最低賃金より7％以上高くなければなりません。

⑥ 賃金表，等級別賃金表の設定，修正をする場合は，労働組合があれば意見を聴取し，実施前に企業内で公開しなければなりません。

Q2 労働契約

労働契約の形態及び，留意すべき点を教えてください。

Answer

労働契約は以下のいずれかの形態で締結されなければなりません。

契約形態	業務内容	期　　間
無期限労働契約	限定なし	期間の定めなし
有期限労働契約	限定なし	36か月以内

① 有期限労働契約では労働契約の期限が満了しても，被雇用者が引き続き就労している場合には，労働契約の期限が切れた日から30日以内に両当事者は新たな雇用契約を締結しなければなりません。新しい労働契約を締結するまでの間は，両当事者の権利，義務及び利益は従前に締結した契約に従います。

② 労働契約満了日から30日が経過した場合は，両当事者は新しい契約を締結することができず，従前に締結した契約が無期限労働契約になります。

③ 有期限労働契約の更新は原則として1回しか認められず，2回目の更新の場合は，国営企業の役員，定年退職者，外国人労働者，労働代表組織の管理機関メンバーの場合を除き，無期限労働契約を締結しなければならない。

Q3 試用期間

試用期間を設けることはできますか。

Answer

雇用者と被雇用者は両当事者の合意のもと，1つの業務に対して1回のみ試用契約を締結することができます。概要は以下の通りです。

1) 企業法，企業における生産，経営に対して投資する国家資本の管理，使用の法律に従った企業の管理者の業務については，180日を超えない。

2) 短期大学以上の専門技術を必要とする職位の業務の場合は60日を超えない。

3) 職業訓練学校，専門学校，技術を持つワーカー，経験を持つ事務補助職の場合は30日を超えない。

4) その他の業務の場合は6日を超えない

5) 試用期間中の給与は，両当事者の合意に基づくが，同職種の給与の85％以上でなければならない。

6) 試用の結果が使用者の要求に達していた場合で，締結済みの労働契約に試用の合意がある場合，労働者はその労働契約を引き続き履行し，試用契約を締結していた場合は労働契約を締結しなければならない。

7) 試用期間中において，いずれの当事者も試用契約又は締結済みの労働契約を事前の通告なく，かつ損害賠償の必要なく解除する権利を有する

Q4 社会保険

強制社会保険制度の概要を教えてください。

Answer

ベトナムの強制社会保険は，社会保険，健康保険，失業保険の３種です。
概要は以下の通りです。

内容	対象者	使用者	労働者
社会保険	ベトナム人（３か月以上の雇用契約又は，１か月以上３か月未満の有期雇用契約を有する者）	17.5%	8％
	外国人（一定の要件を満たす者）	3.5%	0％
		14% （※1）	8％ （※1）
健康保険	３か月以上の雇用契約を有する者（ベトナム人，外国人）	3％	1.5%
失業保険	ベトナム人（３か月以上の雇用契約を有する者）	1％	1％
	外国人	対象外	

※1　2022年１月１日以降適用

(1) 社会保険

2015年１月施行の社会保健法（58/2014/QH 13）により，一定の条件を満たすベトナム人は強制保険の対象となります。また，2018年１月からは，①１年以上の雇用契約を有し，かつ②労働許可証等の証明書を有する者については社会保険への加入が義務づけられています（Decree 143_2018_ND-CP）。なお，一部例外的に適用対象外となるケースもあるため，注意が必要となります。

(2) 健康保険

2015年１月以降の医療保険法（25/2008/QH 12）により，３か月以上の雇用

191

契約により就労するベトナム人及び労働許可を持つ外国人は対象となります。

(3) 失業保険

　2015年1月以降，従業員数に関わらず3か月以上の雇用契約により就労するベトナム人が対象となります。

　なお，保険料の計算根拠となる月給上限は，社会保険及び健康保険は政府が定める基本賃金の20倍，失業保険は適用される地域の最低賃金の20倍とされています。

Q5　最低賃金

最低賃金制度の概要を教えてください。

Answer

　最低賃金とは通常の労働条件で最も単純な業務を行う被雇用者に支払われる最低の金額です。最低賃金は，地域ごとに設定され，月給，時給で決定されます（改正労働法，Law No 45/2019/QH 14）。

地域	地域別最低賃金（月給，単位はVND）					
	2020年	上昇率（%）	2021年	上昇率（%）	2022年	上昇率（%）
1	4,420,000	5.74	4,420,000	－	4,680,000	5.88
2	3,920,000	5.66	3,920,000	－	4,160,000	6.12
3	3,430,000	5.54	3,430,000	－	3,640,000	6.12
4	3,070,000	5.14	3,070,000	－	3,250,000	5.86

※　Decree No.157/2018/ND-CP，No.90/2019/ND-CP，No.38/2022/ND-CP
※　対象地域は以下の通りです。
　　地域1：ハノイ市，ホーチミン市，ハイフォン市など
　　地域2：ハイズオン省，バクニン省，ダナン市など
　　地域3：ハナム省など

地域4：上記以外の地域

※　2021年については，新型コロナウイルス感染症の影響等を考慮し前年と同額となっている。

Q6　ベトナムで就労する外国人

外国人の就労に関して留意すべき点を教えてください。

Answer

　外国人が就労するためには以下の条件を満たさなければなりません（改正労働法151条）。

①　満18歳以上で，十分な民事行為能力を有していること

②　専門性，技術，経験を有し，保健省大臣が定めた規定に従った健康状態にあること

③　外国の法令又はベトナムの法令の規定にしたがって，刑罰を執行されている者，犯罪記録が残存している者，又は刑事責任を追及されている者ではないこと

④　一部の例外を除き，労働許可書を所有していること

　さらに，Decree 152/2020/ND-CP（以下「Decree 152」）4条によれば，雇用者はベトナム人の労働者では代替できない外国人の雇用需要を，外国人が就労予定の事業所が所在する省又は中央直轄市の人民委員会に報告しなければならないとされています。

Q7 労働許可証（ワーク・パーミット）

労働許可証の取得条件について教えてください。

Answer

外国人が合法的に働くには，取得が免除される場合を除き，労働許可証が必要です，また雇用主は労働許可証の取得において責任を負います。労働許可の有効期間は最長で2年間です。

1 労働許可証の取得条件

労働許可証の取得条件は以下の通りとされています（Decree 11 / 2016/ND-CP 9条）。

① 民事行為能力を有すること

② 職務に適する健康状態であること

③ 管理者，業務執行者，専門家又は技術者であること

④ ベトナム法及び外国法における犯罪者又は刑事責任を追及されている者ではないこと

⑤ ベトナムの所轄機関からの書面により外国人の雇用が承認されていること

上記のうち，「専門家」とは，学士以上の学位をもち，関連する分野での3年以上の職務経験を有する又は，職務に関する証明書をもち，5年以上の職務経験を有するなどの一定の要件を満たす外国人労働者をいいます（Decree 152 3条3項）。また，「技術者」とは，その技術分野において1年以上の技術的な教育を受け，専攻分野において3年以上の勤務経験を有する又は，5年以上の職務経験を有する外国人労働者をいう（Decree 152 3条6項）。

2　労働許可証の免除

Decree 152の7条によれば，主に以下の場合には労働許可証の取得義務が免除されるとされています。

①　出資額が30億ドン以上の有限責任会社の出資社員又は所有者である外国人

②　出資額が30億ドン以上の株式会社の取締役会会長又は取締役会のメンバーである外国人

③　国際機関，非政府組織の在ベトナムの駐在員事務所，プロジェクトの代表

④　役務を提供するために3か月未満の期間でベトナムに入国する外国人

⑤　ベトナム人専門家とベトナム滞在中の外国人専門家では対処ができない問題，技術上の不測の状況に取り組むために3か月未満の期間でベトナムに入国する外国人

⑥　ベトナムで弁護士業を営むための資格を持つ外国人弁護士

⑦　ベトナムが加盟している国際協定の規定の適用対象となる外国人

⑧　ベトナム人と結婚をして，ベトナム国内で生活をする外国人

⑨　政府の規定によるその他の場合

労働許可証の免除については，雇用主は外国人労働者の勤務開始日の10営業日前までに労働管理機関から，労働許可証の取得が不要であることの承認を受けなければならない点については，注意が必要となります。

なお，上記の①，②，④，⑥，⑧，及び⑨の一部の場合においては，事前の承認は不要であり，事前の報告のみが必要となります（Decree 152　8条2項）。

Q8 解　　雇

解雇事由及び留意すべき点を教えてください。

Answer

　ベトナムは労働者保護が強く，労働者を解雇する場合は留意すべき点が多く
あります。日本企業には不慣れなところが多く，詳細は専門家に確認すること
を推奨します。

　概要は以下の通りです。

解雇の種類	解雇の事由	留意点
雇用者による一方的解雇	① 被雇用者による労働契約に定めた業務の再三の不履行 ② 病気又は事故により一定期間治療を受けたが（無期，有期契約により異なる），労働能力を回復できない場合 ③ 天災，火災又は政府が規定する不可効力の理由により雇用者が克服措置を実行したが，やむを得ず生産規模及び人員削減を行う場合 ④ 労働契約の一時履行停止期間終了後，15日以内に職場に復帰しない場合 ⑤ 労働法で規定する定年退職の年齢となった場合 ⑥ 正当な理由なく5日以上連続で欠勤をした場合 ⑦ 雇用契約書締結時において，雇用契約に影響を与える重要な事項について不実の情報を提供した場合	左記の解雇事由のうち，①〜④，⑦に該当する場合には，以下の通り事前通知が必要 ① 45日前に通知（無期限労働契約） ② 30日前に通知（有期限労働契約） また，勤続1年以上の被雇用者に対して，1年につき半月分の解雇手当（基礎となる賃金は解雇される直前の連続6か月の労働契約における平均）の支払いが必要

懲戒解雇	① 窃盗，横領，賭博，故意に人を傷つける行為，違法薬物の職場使用 ② 営業上の機密，技術機密の漏洩，技術的財産権侵害，その他雇用者資産・利益に重大な損害を与える行為又は特に重要な損害を与える恐れがある行為又は，就業規則に規定されている職場でのセクシャルハラスメントを行った場合 ② 合計5日／1か月又は20日／1年，正当な理由なしで欠勤した場合 ③ 労働規律違反の制裁を受けながら期間中に再犯した被雇用者	① 雇用者は被雇用者の過失を立証しなければならない ② 労働組合代表部の参加 ③ 被雇用者は自己弁護権又は弁護士を依頼する権利をもつ
整理解雇	① 多数の被雇用者に影響を与える組織，技術を変更する場合 ② 経済的理由により多数の被雇用者が失業する恐れがある場合 ③ 企業等が吸収，合併，分割，分離された場合	① 労働者使用計画作成，履行 ② 労働組合代表部と話し合った上で採択，その後15日以内に被雇用者に対して公開することが必要，及び労働に関する省レベル国家管理機関に通告 ③ 新たな業務がある場合，優先的に訓練し継続して使用する。用意できない場合は解雇手当＋失業手当（勤続1年以上の被雇用者に対し1年に付き1か月分）

（改正労働法）

Q9　労使関係

　労働法では被雇用者と定期的対話が定められていると聞いています。留意すべき点を教えてください。

Answer

　労働法及び政令（Decree 145/2020/ND-CP）では，雇用主は民主的規則の履行を保証しなければならないとされています。概要は以下の通りです。運用では専門家に確認することが必要です。

1　職場における定期的対話

　職場における民主的規則の履行を保証する目的で，雇用者は被雇用者又は労働組合の代表部と直接的な意見交換をしなければなりません。雇用者が公開する主な規則は以下の通りです。

① 企業の生産，経営計画及び生産計画の実行状況

② 労働規則，労働基準量，賃金テーブル，昇給規則，賃金・賞与支払い規則，労働安全他

③ 退職手当，失業手当，職業訓練，社会保険・失業保険・医療保険に関する制度及び履行状況

④ 集団労働協約

⑤ 年次財務内容

⑥ 労働組合費，社会保険，医療保険，失業保険の天引き等

2　定期的対話の実施

① 雇用者と被雇用者又は労働組合の代表部との間で，定期的に，少なくとも1年に1回行う。

② 定期的対話への参加者については，雇用者側は最低3名以上が参加し，

被雇用者については，従業員の人数に応じて最低限必要な参加者が定められている（例：50名未満は3名以上，1000名以上の場合は24名以上）。

③　雇用者は，定期的対話に関する会議規則を作成し，場所・時間・必要な条件を用意し会議開催の責任を負う。会議規則は，労働組合の代表部より意見を聴取した上で被雇用者に公開する。

④　労働組合の代表部は，会議規則の作成・履行に関して雇用者と協力する責任を負う。

Q10　団体交渉

団体交渉の概要及び留意点を教えてください。

Answer

1　団体交渉の目的

団体交渉は調和的，安定的，進歩的な労使関係を構築することが目的です。個人ではなく被雇用者が団結して雇用者と話し合うことであり，最終的には集団労働協約の締結です。

主な交渉内容は，以下の通りです。

①　賃金，賞与，手当，昇給，食事及びその他の給付

②　労働水準，労働時間，休憩時間，時間外労働，勤務交替の休み

③　労働者に対する雇用の保証

④　労働安全衛生の保証，就業規則の実行

⑤　労働者代表組織の活動の条件・方法，雇用者と労働者代表組織の関係

⑥　労働争議の予防，解決の仕組み・方法

⑦　ジェンダー平等の保障，妊娠出産の保護，年次休暇，職場における暴力及びセクシャルハラスメントの予防・対応

⑧　一方又は両当事者が関心を持つその他の事項

2　留　意　点

1）　雇用者と被雇用者は団体交渉の要求権を有し，要求を受けた当事者は交渉を拒否することができません。交渉の要求を受けた日から7営業日以内に，各当事者は会合の日程について合意しなければなりません。

2）　会合については，会合の開催の要求日から30日以内に開催しなければなりません。

3）　団体交渉の期間は，各当事者が合意した場合を除き，交渉開始日から90日を超えてはなりません。

4）　団体交渉の内容について議事録を作成しなければなりません。

5）　一方の当事者が交渉を拒否，又は期限内に交渉を行わない場合は他方当事者は労働法にもとづき，労働争議による解決の要求手続きを行う権利を有します。

Q11　集団労働協約

集団労働協約の概要及び留意すべき点を教えてください。

Answer

1　集団労働協約

1）　集団労働協約とは，雇用者と労働組合が団体交渉で合意した労働条件に関する合意書のことをいいます。また，集団労働協約は法規よりも被雇用者にとって有益でなければなりません。

2）　集団労働協約を締結する場合は，企業の50％以上の労働者が団体交渉の内容に賛成する必要があり，締結後に雇用者は被雇用者全員に対して公表しなければなりません。雇用者は10日以内に管轄機関に届け出する必要があります。

3）　企業の集団労働協約の期間は1年～3年です。

2 留 意 点

　集団労働協約の発行以前に締結した労働契約に関わる権利，義務，利益が集団労働協約より低い水準の場合は，雇用者は就業規則などの規定を集団労働協約に適合するよう修正しなければなりません。なお，修正されるまでの間は，集団労働協約に適合した内容にしたがって取り扱われます。

Q12　労働時間・時間外労働・休暇

　労働法における労働時間，時間外労働及び休暇について教えてください。

Answer

　概要は以下の通りです。

1 労 働 時 間

(1)　通常の勤務時間

　通常の勤務時間は，1日8時間，及び1週間48時間を超えてはならないとされています。

(2)　深夜勤務時間

　深夜勤務は22時から翌日の6時までです。

(3)　時間外労働

　雇用者は以下を満たすことを条件に，被雇用者を時間外労働させることができます。

　①　被雇用者の同意を得ること

　②　被雇用者の時間外労働は，1日の通常勤務時間の50%を超えないこと

　　週当たりの勤務時間を適用している場合は，通常の勤務時間と時間外労働の総時間数が1日12時間を超えず，1か月で40時間，1年で200時間を

超えないこと（以下の③のケースを除く）

③　②の条件にかかわらず，以下の産業分野又は場合にあたる場合には，当局への書面通知を行うことで年間300時間までの時間外労働を行うことが認められます。

1）　繊維，縫製，靴，電気，電子製品，農産物，塩製品の加工等の製造・加工

2）　電気の発電，供給，電気通信，石油精製，給排水

3）　高度な専門的技術求められる業務で，労働市場が適時に十分な労働者を調達できない状況に対応する場合

4）　季節性の要因や，原材料の入手可能性などの要因や，天候不良，自然災害，火災，戦争，電力不足，原材料不足，生産ラインの技術的問題などの事前に予想できない理由などにより，緊急で遅延することができない業務を解決する場合

　なお，Resolution 17 / 2022 / UBTVQH 15が2022年 3 月31日に公表され，COVID-19の流行で影響を受けた社会経済の回復を目的として，2022年の残業上限を年間300時間，月間60時間に引き上げました。しかしながら，COVID-19も収束に向かう中，この規定は延長されず，2023年 2 月現在，残業時間の上限は，上記記載の時間に戻っています。

2　時間外労働

　被雇用者が時間外労働をする場合は，単価又は通常の賃金に基づいて算出され，以下の賃金になります。

①　通常勤務日の時間外は150％以上

②　週休日の時間外は200％以上

③　祝祭日又は有給休暇日の時間外は300％以上

④　深夜勤務は，30％以上の割増

⑤　深夜勤務かつ時間外の場合は，①〜④に加えて20％以上の割増

3 休　　暇

⑴　週　　休

　被雇用者は毎週，連続24時間の休暇を取得することができます。被雇用者が労働の事情から週休が取得できない場合は，雇用者は月平均で少なくとも４日の休暇を保証しなければなりません。

⑵　年次有給休暇

　同一雇用者のもとで通常の労働条件で12か月以上勤務した被雇用者は原則として12日間の有給休暇を取得することができます。また，年次有給休暇の日数は５年ごとに１日増加されます。

　なお，勤務期間が12か月に満たない被雇用者については，勤務した月数に相当する割合の日数の有給休暇を取得することができます。

[用語索引]

［ 執筆者紹介 ］

本村　茂久（もとむら　しげひさ）

2006年に新日本監査法人（現，EY新日本有限責任監査法人）に入所。製造業，サービス業を中心に監査業務，IPO企業向け監査およびアドバイザリー業務に従事。2014年から2016年までEYカンボジアに日系企業担当として出向。2016年から2018年までEYベトナムホーチミン事務所に日系企業担当として出向し，ベトナム進出企業への税務・会計アドバイス等に従事。現在は，監査業務に従事するとともに，ベトナム担当海外デスクとして，ベトナム進出企業向けの情報発信等に従事。

公認会計士。

川原　亮（かわはら　りょう）

ソフトウェアメーカー勤務後，2013年に新日本有限責任監査法人（現，EY新日本有限責任監査法人）に入所。製造業，IT・ソフトウェア業，医療福祉業を中心に監査業務，外資系企業のリファーラル（IFRSs）監査業務，IPO企業向け監査に従事。その後，2021年からEYベトナム　ホーチミン事務所に日系企業担当として出向し，ベトナム進出企業への税務・会計アドバイス等に従事している。公認会計士。

外山　隆太郎（とやま　りゅうたろう）

2013年に新日本監査法人（現，EY新日本有限責任監査法人）に入所。金融業，製造業，IT・ソフトウェア業を中心に監査業務，IPO企業向け監査および内部統制構築支援などのアドバイザリー業務に従事。その後，2021年からEYベトナム　ハノイ事務所に日系企業担当として出向し，ベトナム進出企業への税務・会計アドバイス等に従事している。

公認会計士。

森田　哲平（もりた　てっぺい）

2005年に新日本監査法人（現，EY新日本有限責任監査法人）に入所。小売業，サービス業を中心に監査業務，IPO企業向けの監査およびアドバイザリー業務に従事。2013年から2016年までEYベトナム　ホーチミン事務所に日系企業担当として出向。日本帰国後，ベトナム進出企業への税務・会計アドバイス等に従事。その後，ベトナムの日系のコンサルティング企業を経て，2019年から2021年までEYベトナム　ホーチミン事務所にて日系企業の監査業務に従事。現在は，日本にて上場企業や金融機関，IPO企業の監査業務に従事。

公認会計士。

[編集協力者]

田甫　吉識

2001年に新日本監査法人（現，EY新日本有限責任監査法人）に入所後，建設業等の監査に従事。その後，外務省への出向を経て，2009年7月から2013年9月までSGV&Co（EYフィリピン）に駐在。日系企業担当者として日系現地法人の会計・監査・税務・その他コンサルティング等に従事。帰任後は東南アジア，アフリカをはじめとした新興国寝室支援業務に従事。

［　オフィス　］

EY新日本有限責任監査法人

〒100-0006　東京都千代田区有楽町一丁目1番2号
東京ミッドタウン日比谷　日比谷三井タワー
TEL：03-3503-1100（代表）

EYベトナム

ハノイ事務所

Corner Stone Building, 8th Floor, 16 Phan Chu Trinh, Hoan Kiem District, Hanoi,
Vietnam,
Hanoi
TEL：+84 24 3831 5100
Fax：+84 24 3831 5090

ホーチミン事務所

Bitexco Financial Tower, 28th Floor 2 Hai Trieu street, District 1,
Ho Chi Minh City
Tel：+84 28 3824 5252
FAX：+84 38 3824 5250

海外進出の実務シリーズ
ベトナムの会計・税務・法務Q&A〔第3版〕

2011年4月1日　初版発行
2016年10月1日　第2版発行
2024年1月20日　第3版発行

編　者　EY新日本有限責任監査法人

発行者　大坪克行

発行所　株式会社 税務経理協会
　　　　〒161-0033東京都新宿区下落合1丁目1番3号
　　　　http://www.zeikei.co.jp
　　　　03-6304-0505

印　刷　美研プリンティング株式会社

製　本　牧製本印刷株式会社

本書についての
ご意見・ご感想はコチラ

http://www.zeikci.co.jp/contact/

ISBN 978-4-419-06947-6　C3034